山と食欲と私 公式
鮎美ちゃんとはじめる山登り

気軽に登れる全国名山27選ガイド

日々野鮎美 著
信濃川日出雄 イラスト・漫画

新潮社

私は、日本の美しい山々を
知っている。

『山と食欲と私』特別編

「次はどの山を歩こう？」

～ある日の山ごはんハイキング

日曜日　職場の先輩と日帰りで山登りへ♪

とある山
あれ？鮎美ちゃん
BUS
登山口

ザックがパンパンやな
そんなにたくさん一体何を入れてきたん？

信濃川日出雄

小松原さんは
シュッと
してますね
そら
そうや
今日は片道1時間半の
お気軽
ハイキングコース！
登山なんて
1年ぶり
運動不足の私やで
苦しい思いは
したくない！
装備品は最低限！
ギリギリまで
軽量化してきたわ！
その割には
しんどそう…
はぁ
はぁ

登場人物

日《ひ》々《び》野《の》鮎美《あゆみ》。東京出身の27歳、会社員。漫画『山と食欲と私』の主人公。週末ごとに登山に出かけ、美味しい山ごはんを楽しむのが趣味。最近の悩みは貯金がないこと。

私は…低山を歩く時はハードな登山へのトレーニングだと考えるようにして
今日は日帰りですがテントやシュラフも入ってます
軽量化にこだわらずむしろ使わない道具も〝重り〟としてザックに入れるようにしているんですよ
さすがや鮎美ちゃん
小松原さん大丈夫ですか!
ゼェゼェ
ヒィヒィ
はぁっ
はぁっ
鮎美ちゃんあんなこと言うてるけど実は**美味しいモノ**もたくさん詰め込んでいるのとちゃうか…?
こっそり期待してまうで

登場人物

小《こ》松原《まつばら》鯉子《こいこ》。京都出身の29歳、鮎美の職場の先輩。自称・古いタイプのOL。結婚までの腰掛けのつもりで入社したが有能ぶりを評価され昇進して困っている。恋人募集中。

1時間半後
はあ
ひい
はあ
ひい
やった〜
はあっ
はあっ
登頂〜！

山ごはんタイム
疲れた…食欲ゼロや……
私ははらぺこです
ふぁぁぁぁぁ
私の山ごはんは…
しみしみお揚げが美味しいきつねうどんと……
3つの味のミニおにぎり～♪
お…美味しそう…!
…やけど…
なんやそんなもんかいな
たいして映えへんやん期待して損したわ
ひとのごはんに対してひどい言いよう!

私の山ごはん見せよか
今日こそは負けへんで
4種の魚介類を完熟トマトと共に煮込んで旨味を凝縮
漁師風シーフードパスタ
ペスカトーレ
あ ふ あ
あ あ あ あ
おお
…のレトルトのやつを持ってきてんけどバーナーがないから貸してくれる？
鍋はあります
ごめんごめん
先に食べますね のびちゃうので
ずずー

カシャ
カシャ
カシャ
美味しかった♡
ごちそうさまでした
本なんて
持って
きたん？
登山の
ガイド
ブックです

次はどの山に登ろうかなぁ～…って
ステキな
山が…
いっぱい
ある!
下山する前から次の山のこと考えてんの？
おかしいですかね!?
「日本には素敵な山が沢山！山頂でのんびりしながら次の山に思いを馳せる最高に贅沢な時間です♪」
日々野鮎美（27歳 会社員）

はじめに

みなさま、こ…こんにちは～！ 日々野鮎美です！

東京在住の２７歳、どこにでもいる会社員。唯一の趣味は山を歩くこと。

登山をはじめた頃を思い出します。きつかった。しんどかった。虫や蛇、道迷いも怖かった。でも、自然の中に入り無心で体を動かしていると“快感スイッチ”がON！ 絶景に感動し、温泉で汗を流し、腹ぺこで食べるごはんの美味しさったら！ 社会人生活で溜め込んだモヤモヤもどこへやら、今ではすっかりやみつきです。

山登りをはじめる時、わからないことばかりですよね。山を知っている友達に「ちょっと聞いていい？」と尋ねるように、迷ったらいつでもこの本を開いてみてください。山のこと、装備のこと、マナーのこと。きっとお役に立てると思います！

日々野鮎美

CONTENTS

CHAPTER1　山の紹介編

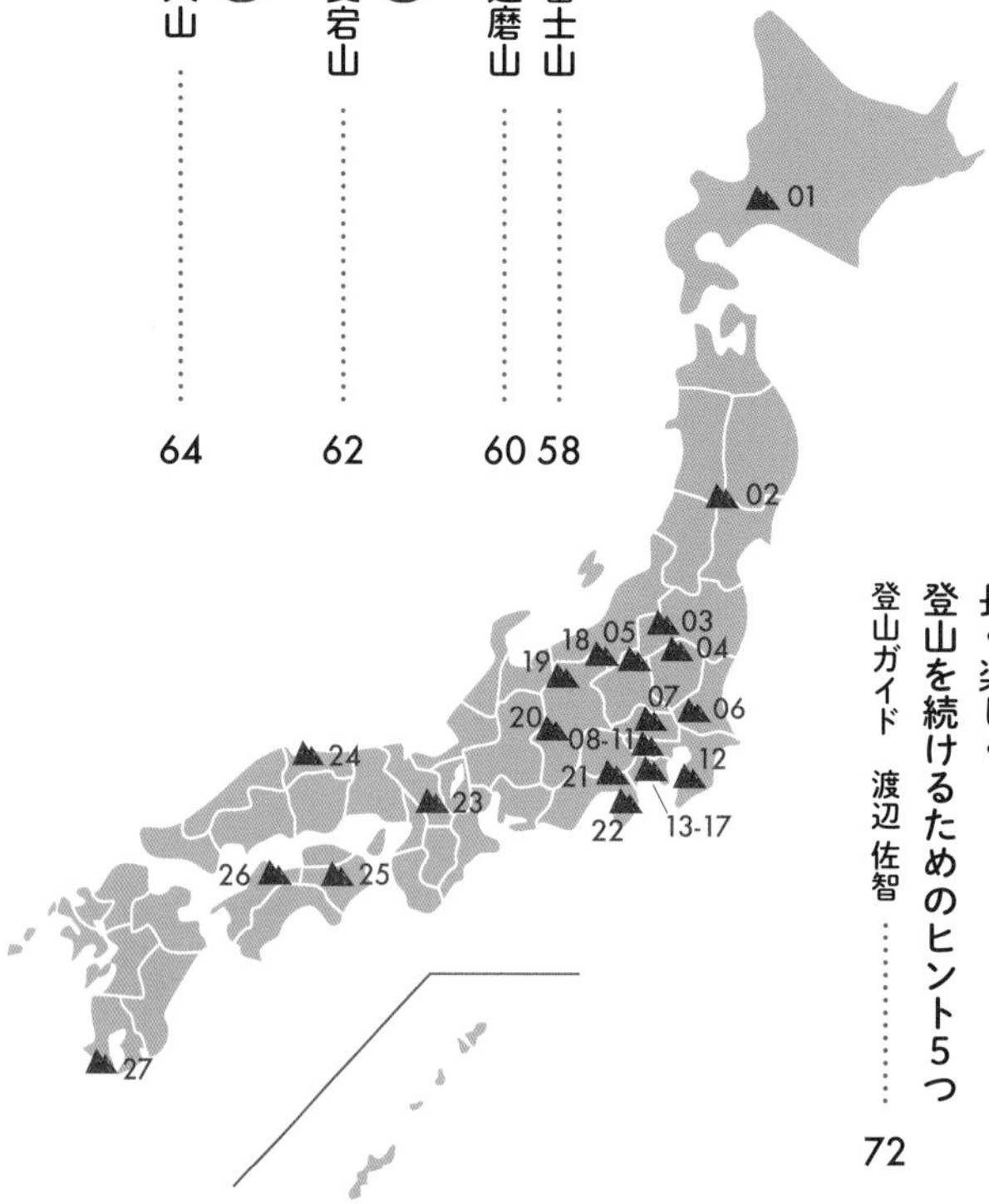

CHAPTER2　道具・装備編

CHAPTER3　山歩き編

本書の使い方

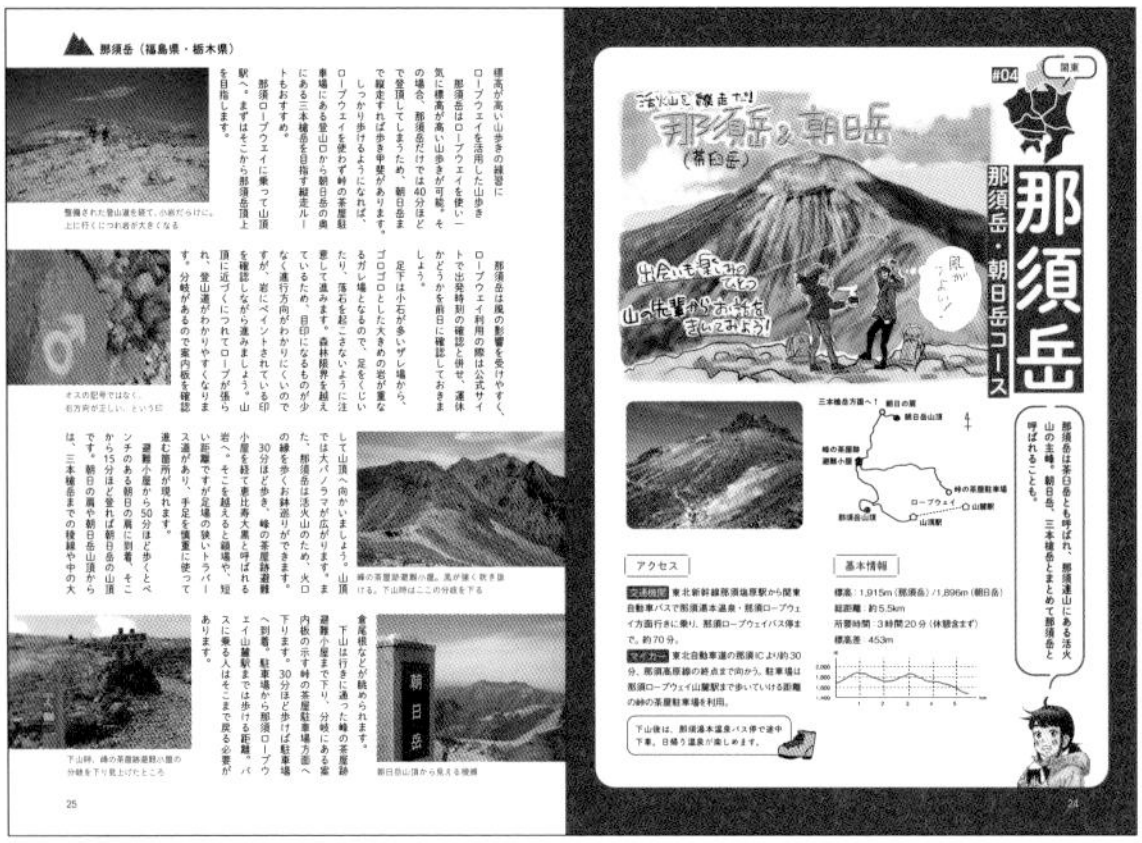

地図や標高差

簡易地図と標高差のグラフを掲載し紹介。ルートのイメージがしやすい

アクセスやポイント

現地までのアクセスや周辺地域のポイントを紹介

ルートの概要

山頂までの道のりとポイントを紹介

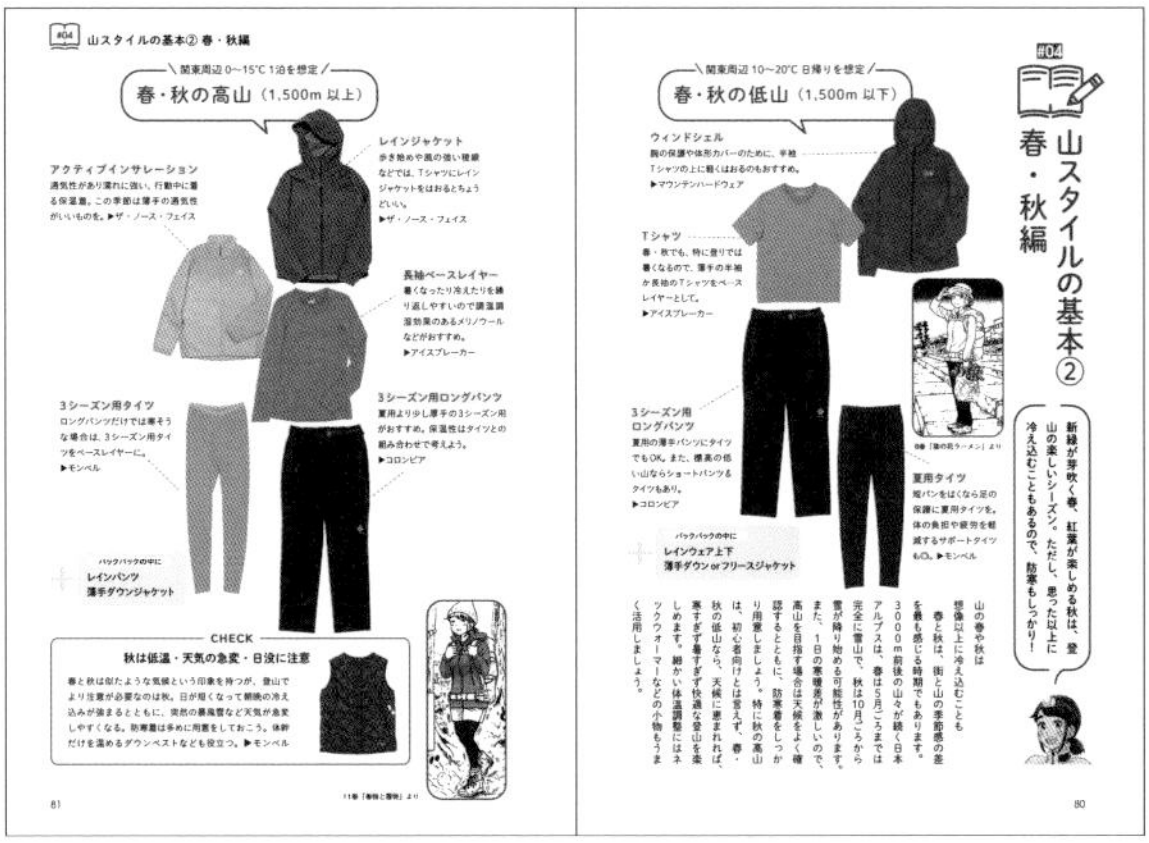

山歩きの基本

山歩きに必要な装備や基本知識を解説。コミックスのワンシーンもふんだんに登場！

※本書に掲載しているルートやデータは、それぞれの山の山行のイメージができるように紹介しています。交通機関の情報や山の情報は季節によって変わります。また、ご自身の体力やスキルによってタイムスケジュールも変わるので、実際に山に行くときは、地図を手に入れてご自身で登山計画を立ててください。

山で他の登山者とすれ違う時はマスクをしましょう。夏は日焼け予防に使う薄手のサンマスクを活用するのもおすすめです。

新型コロナウイルスの感染予防について

お住まいの地域、また登山対象地域における行政からの要請に従いましょう。登山対象地域にお住まいの方にも配慮して過ごしましょう。山でも３密は避け、テント泊でテントをシェアする場合は換気をしましょう。普段以上に体調管理や天気予報に注意し、安全に配慮した計画を立てましょう。コロナ禍では山での救助活動はこれまでと異なる体制で行うため、負担がかかります。十分に安全を心がけて、登山を楽しみましょう。

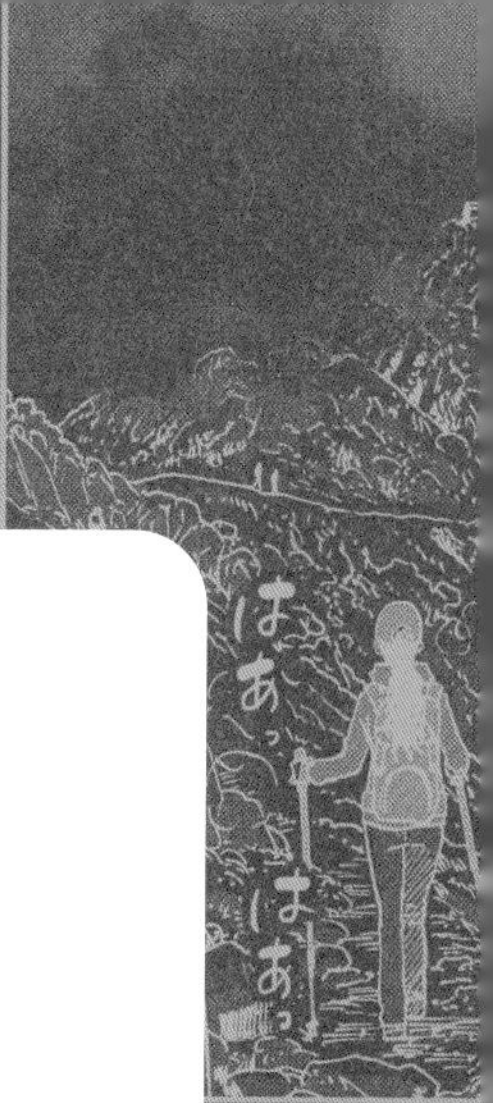

CHAPTER1

山の紹介編

北海道から九州までの山々のアクセスや
ビギナー向けかステップアップしたい人向けか
などの情報を紹介します。
ここで紹介している山に登りたくなったら、
地図やネットで情報収集をしてみましょう。

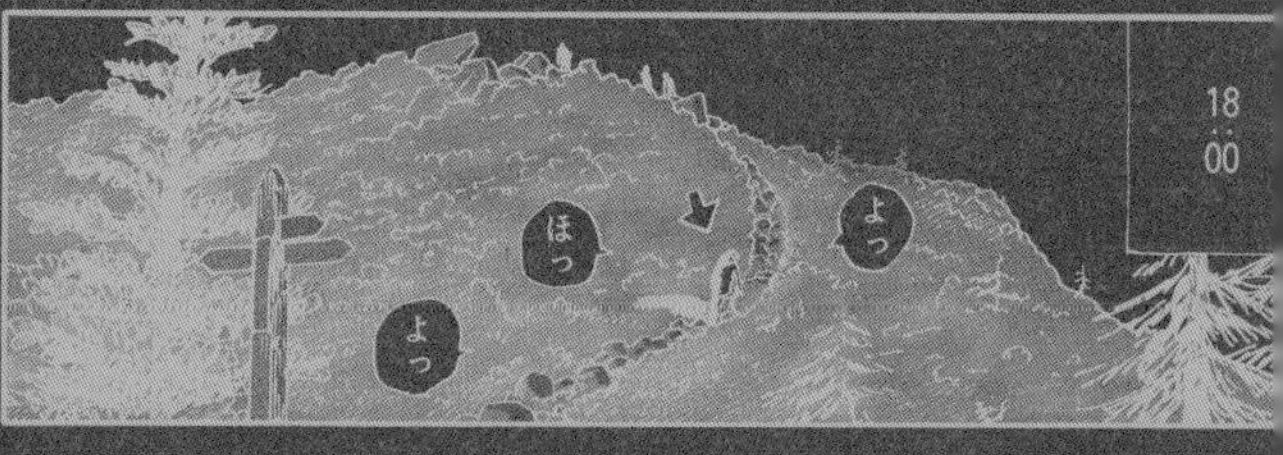

北海道

#01

藻岩山

慈啓会病院前コース

藻岩山のほとんどが「藻岩原始林」！ 植物観察も楽しめます。山頂からは360度のパノラマが広がり、「日本新三大夜景」のひとつ。

アクセス

交通機関 札幌市営地下鉄東西線円山公園駅からJRバス「循環円10（または円11・円12）ロープウェイ線」に乗りつぎ、「慈啓会前」下車、徒歩2分で登山口。または札幌市電ロープウェイ入口駅から徒歩約20分。

マイカー 山頂にある藻岩観音奥之院への参拝者は観音寺駐車場の利用が可能。無料だが協力金ボックスあり。慈啓会病院の駐車場は短時間の登山なら駐車可能。

基本情報

標高：531m

総距離：約5.8km

所要時間：登り80分／下り70分
（いずれも休憩含まず）

標高差：約471m

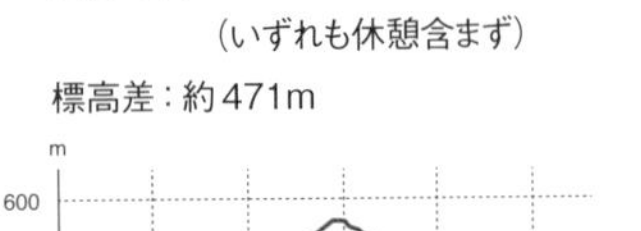

藻岩山（北海道）

山頂へは5つの登山コースか、ロープウェイで登る

　藻岩山には札幌周辺自然歩道として、5つの登山ルートが整備されています。またロープウェイとミニケーブルカーを乗りついで山頂まで登ることもできるため、歩き慣れていない方でも安心して山歩きができます。

登山道は整備されていて歩きやすい。
滑りにくい運動靴でも可能

一番人気の慈啓会病院前コースから山頂を目指す

　慈啓会病院前コースはなかでも一番人気があり初心者にもおすすめの登山道。そのため駐車場は満車になる場合も多く、公共交通機関を利用するか早めの時間の到着を心掛けましょう。満車の場合は別コースへ移動する人もいるようです。標高約60mの登山口にはトイレや水飲み場、案内板が整備されています。登山道には33ヶ所の観音像が見られ、数えて歩くのも楽しいでしょう。

　登山口からしばらくは人が二人並んで歩ける幅の広い道が続き、緩やかに登っていきます。すぐに天然記念物の案内板が現れます。しばらく静かな原始林の中をゆっくりと進んでいきます。

スキーリフト跡地は広場になっていて、
休憩もできる

　登山口から30分で、スキーリフト跡地に到着。終戦直後、日本初のスキーリフトが設置された場所で、基礎部分が残されています。

　ここから20分ほど、整備された木の階段を上りながら進むと馬の背に到着し、他のコースと合流します。自然を観察しながら、ベンチで休憩を取るとよいでしょう。

　馬の背からくねくねと曲がった急坂を登っていくと、30分ほどで山頂に到着です。

足下にはこうした岩が出てくる。
注意しながら進もう

大パノラマの山頂には登山者用施設も

　山頂には展望台があり、札幌市街を一望できます。ロープウェイの山頂駅1階には登山者休憩施設が完備され、休憩室やトイレ、着替え室を利用できます。

山頂駅にあるレストランでは
登山者割引でスープカレーも！

日中もはるか遠くまで見
渡せる。夜は夜景スポッ
トとして人気

東北

#02

中央ルート

栗駒山

日本屈指の山岳紅葉が楽しめる栗駒山。紅葉シーズンには多くの登山客で賑わいます。秋以外にも四季折々の高山植物、星空撮影で人気の山です。

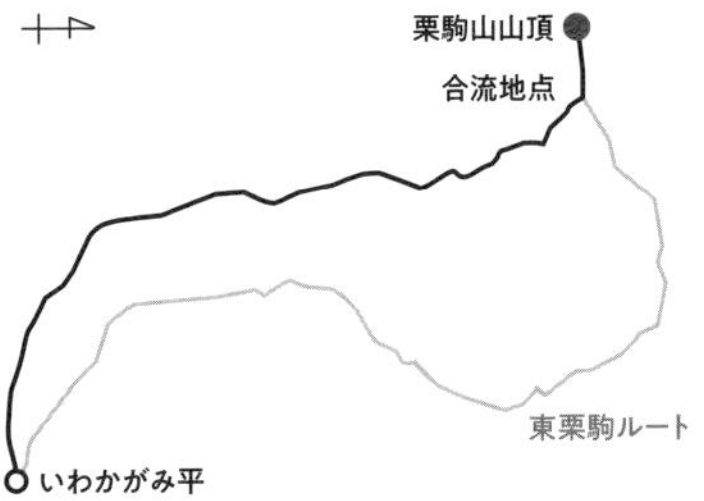

アクセス

交通機関 JRくりこま高原駅から期間限定特別運行のシャトルバス「紅葉号」でいわかがみ平まで（予約不要）。約1時間10分。※紅葉号は紅葉シーズンの土日祝日のみ運行。

マイカー 東北自動車道の若柳《わかやなぎ》金成《かんなり》ICから約40km、約1時間5分。または築館ICから約45km、約1時間10分。いわかがみ平駐車場（約100台）へ。満車の場合は臨時駐車場に案内され、いわかがみ平まではシャトルバスを利用。

基本情報

標高：1,626 m

総距離：約5.8km

所要時間：登り90分 / 下り70分
（いずれも休憩含まず）

標高差：513m

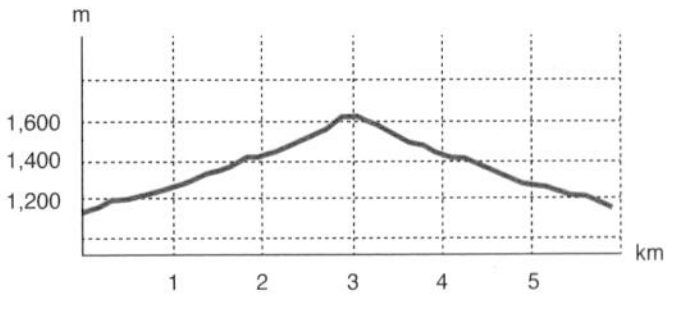

栗駒山（秋田県・岩手県・宮城県）

ビギナーでも安心して歩ける整備された登山道

栗駒山は宮城県、秋田県、岩手県の3県にまたがる栗駒国定公園の主峰。そのため、栗駒山へのルートは比較的多く11のルートがあります（そのうち2つは現在通行止めのため、2021年現在では9つのルート）。

　栗駒山は日本屈指の山岳紅葉を楽しめることもあって、紅葉シーズンが最も人気ですが、高山植物が多く秋以外でも四季折々の植物を楽しめます。

　初級コースは中央ルート。山頂付近までしっかりと整備されている歩きやすい登山道です。

足下は石畳。登山口から30分ほど笹や低木に囲まれながら歩く

　登山口は駐車場、トイレ、レストハウス、登山ポストのあるいわかがみ平からスタートします。登山道や山頂にはトイレがないので、済ませておきましょう。

　登山口からしばらくは小岩がコンクリートで固められた石畳の道ですが、岩や石がはずれ、浮石（不安定な石）や陥没している箇所があり注意する必要があります。低木に囲まれた道を歩きますが、50分ほど歩けば、広大な景色が目の前に広がります。

標高が上がり山頂近くになると転がりやすい小岩と木の階段になる

人気の紅葉シーズンは山が真っ赤に染まる景色が堪能できる

　視界が開けるころには、足下が砂利やザレ場（小石が多い箇所）になります。栗駒山の登山道にはベンチなど休憩するためのものはありませんが、道が広くなっているエリアがあり、そこでは腰をおろして休憩がしやすいです。

　視界が開けてから少し歩くと、山頂に向かって右側の稜線に東栗駒ルートを歩く人が見えるようになり、その先で中央ルートと合流します。そこからは道が狭くなり急登に。小さな浮石も増えるので、石を転がさないように注意を払い、ていねいに足を運びましょう。木の階段を経て山頂です。

山頂では周辺を一望できるがやや狭く、風が吹き抜ける

　山頂は晴れていればすばらしい景色を堪能することができます。吹きっさらしのため風がある場合、調理には不向き。また、強風で体が冷えこむこともあるため、天候によってはあまり長く滞在するのには向いていません。

　下山は往路と同じ道を戻ります。紅葉シーズンは帰りのバスが時間帯によって混雑し、いわかがみ平で並ぶことになるので注意。

月山や鳥海山をはじめ、多くの山々、そして空気が澄んでいれば太平洋が見渡せる

#03

会津駒ヶ岳

滝沢登山口ルート

尾瀬国立公園内に位置する会津駒ヶ岳。麓の福島県檜枝岐村は奉納歌舞伎で知られています。

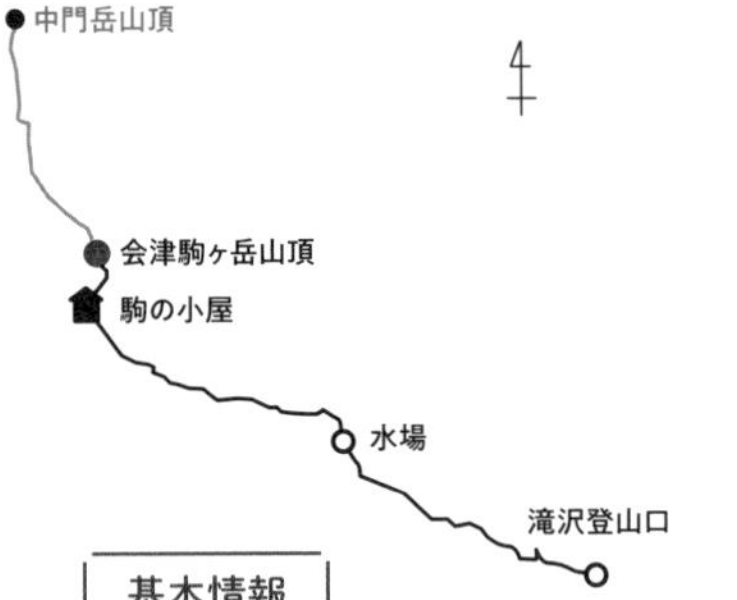

アクセス

交通機関 会津鉄道会津高原尾瀬口駅から会津バスで駒ヶ岳登山口バス停まで。約1時間10分。※始発で10：48着。

マイカー 東北自動車道の西那須野塩原ICより約2時間（東北方面からは白河ICより約2時間20分）。関越自動車道の小出ICより約2時間40分。

基本情報

標高：2,133m

総距離：約11.6km（バス停から・中門岳のぞく）/約8km（滝沢登山口から・中門岳のぞく）

所要時間：登り3時間50分、下り2時間55分（バス停から）/登り3時間20分、下り2時間35分（滝沢登山口から）（いずれも休憩含まず）

標高差：約1,200m（バス停から）/約1,060m（滝沢登山口から）

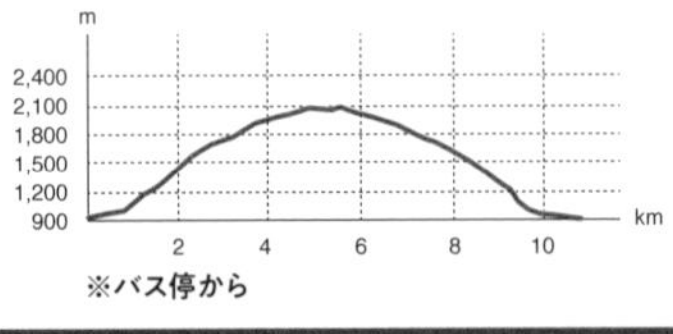

※バス停から

麓の福島県檜枝岐村には日帰り温泉が3つあります。日本有数の豪雪地帯で冬はスキーも人気。

会津駒ヶ岳（福島県）

ブナ林と湿原での木道歩きを楽しめる

駒ヶ岳登山口バス停のある国道から30分ほど林道を上がり、滝沢登山口の階段を上り登山道へ。

登山道を歩き始めると次第に大規模なブナ林に入ります。5月には新緑を、秋には黄色く染まったブナ林を楽しめます。2時間ほど登り、中腹に差し掛かると水場があります。水場は標識を目印に登山道から2分ほど下ると、岩の隙間から清水が湧き出しています。

林道沿いにある滝沢登山口。登山届はここで提出する

水場から1時間ほど登りダケカンバやオオシラビソの原生林を過ぎると湿原地帯になり、視界が開けます。夏には高山植物の花畑が広がり、秋には一面の草紅葉が迎えてくれます。左手には燧ヶ岳《ひうちがたけ》をはじめとする尾瀬の山々の展望が広がります。目の前に駒ヶ岳山頂を見ながらさらに木道を30分ほど登ると駒の小屋に到着です。

一度は泊まってみたい人気の山小屋「駒の小屋」

小屋の前には駒の大池があり、そばにベンチとテーブルも備わっているので休憩するのによいでしょう。小屋の売店では軽食やオリジナルグッズを購入できます。日数に余裕をもたせて小屋に泊まり、一泊二日のゆったりした山旅にするのがおすすめです。日帰りでは味わうことの難しい、朝夕の幻想的な風景や星空をじっくり堪能することができるでしょう。

駒の大池。山の上にある池で、鏡のような水面が神秘的

山頂から池塘が広がる天空の散歩道へ

小屋から20分ほど木道を登れば山頂に到着です。足下の木道は濡れていると滑ることがあるので注意。山頂近くは展望がきき、尾瀬の山々や越後三山などを見ることができます。

あと10分程歩けば小屋に到着する

時間に余裕があるならここから中門岳へ池塘《ちとう》の続くなだらかな湿地帯を歩いてみましょう。天空の草原を散歩しているような不思議な気分になるかもしれません。

花の季節であれば中門岳周辺が見所ポイント。中門岳へは駒ヶ岳山頂から1時間ほどで到着できます。尾根の端まで木道が整備され、中門岳の標識の前と木道の端にベンチがあります。

下山は来た道を戻り、駒ヶ岳山頂からバス停までは休憩を含めて4時間ほどかかります。長い山歩きと見所があるため、下山の時間を意識しましょう。

中門岳も池塘を楽しむことができる

#04

那須岳

那須岳・朝日岳コース

那須岳は茶臼岳とも呼ばれ、那須連山にある活火山の主峰。朝日岳、三本槍岳とまとめて那須岳と呼ばれることも。

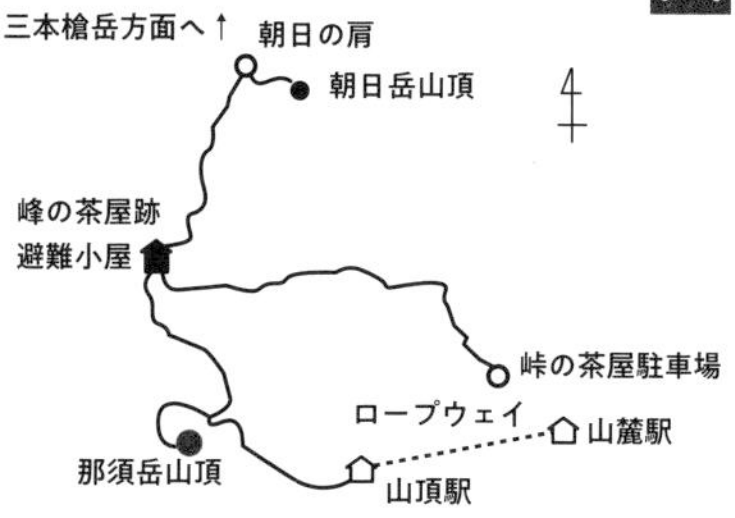

アクセス

交通機関 東北新幹線那須塩原駅から関東自動車バスで那須湯本温泉・那須ロープウェイ方面行きに乗り、那須ロープウェイバス停まで。約70分。

マイカー 東北自動車道の那須ICより約30分、那須高原線の終点まで向かう。駐車場は那須ロープウェイ山麓駅まで歩いていける距離の峠の茶屋駐車場を利用。

下山後は、那須湯本温泉バス停で途中下車。日帰り温泉が楽しめます。

基本情報

標高：1,915m（那須岳）/1,896m（朝日岳）

総距離：約5.5km

所要時間：3時間20分（休憩含まず）

標高差：453m

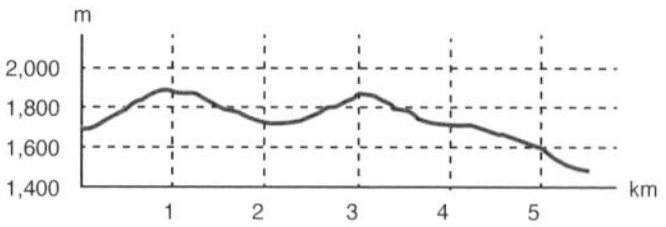

那須岳（福島県・栃木県）

標高が高い山歩きの練習に
ロープウェイを活用した山歩き

那須岳はロープウェイを使い一気に標高が高い山歩きが可能。その場合、那須岳だけでは40分ほどで登頂してしまうため、朝日岳まで縦走すれば歩き甲斐があります。

しっかり歩けるようになれば、ロープウェイを使わず峠の茶屋駐車場にある登山口から朝日岳の奥にある三本槍岳を目指す縦走ルートもおすすめ。

那須ロープウェイに乗って山頂駅へ。まずはそこから那須岳頂上を目指します。

整備された登山道を経て、小岩だらけに。上に行くにつれ岩が大きくなる

那須岳は風の影響を受けやすく、ロープウェイ利用の際は公式サイトで出発時刻の確認と併せ、運休かどうかを前日に確認しておきましょう。

足下は小石が多いザレ場から、ゴロゴロとした大きめの岩が重なるガレ場となるので、足をくじいたり、落石を起こさないように注意して進みます。森林限界を越えているため、目印になるものが少なく進行方向がわかりにくいのですが、岩にペイントされている印を確認しながら進みましょう。山頂に近づくにつれてロープが張られ、登山道がわかりやすくなります。分岐があるので案内板を確認して山頂へ向かいましょう。山頂では大パノラマが広がります。また、那須岳は活火山のため、火口の縁を歩くお鉢巡りができます。

オスの記号ではなく、右方向が正しい、という印

30分ほど歩き、峰の茶屋跡避難小屋を経て恵比寿大黒と呼ばれる岩へ。そこを越えると鎖場や、短い距離ですが足場の狭いトラバース道があり、手足を慎重に使って進む箇所が現れます。

避難小屋から50分ほど歩くとベンチのある朝日の肩に到着、そこから15分ほど登れば朝日岳の山頂です。朝日の肩や朝日岳山頂からは、三本槍岳までの稜線や中の大倉尾根などが眺められます。

峰の茶屋跡避難小屋。風が強く吹き抜ける。下山時はここの分岐を下る

下山は行きに通った峰の茶屋跡避難小屋まで下り、分岐にある案内板の示す峠の茶屋駐車場方面へ下ります。30分ほど歩けば駐車場へ到着。駐車場から那須ロープウエイ山麓駅までは歩ける距離。バスに乗る人はそこまで戻る必要があります。

朝日岳山頂から見える稜線

下山時、峰の茶屋跡避難小屋の分岐を下り見上げたところ

#05

至仏山

山ノ鼻コース

山頂からは向かいにある燧ヶ岳を眺めつつ、尾瀬の湿原を見下ろせます。急登が続きますが展望よく、大パノラマが楽しめます。

アクセス

交通機関　JR上毛高原駅または沼田駅からバスで尾瀬戸倉へ行き、戸倉からはバスまたは乗合タクシーで鳩待峠へ。

マイカー　関越自動車道の沼田ICから尾瀬戸倉を経て県道の尾瀬ヶ原土出線で鳩待峠へ。混雑時は津奈木から鳩待峠口の間はマイカー規制あり。その場合は尾瀬戸倉の有料駐車場を利用し、鳩待峠まではバスかタクシーで移動。

基本情報

標高：2,228m
総距離：約11km
所要時間：登り4時間／下り2時間
（いずれも休憩含まず）
標高差：818m

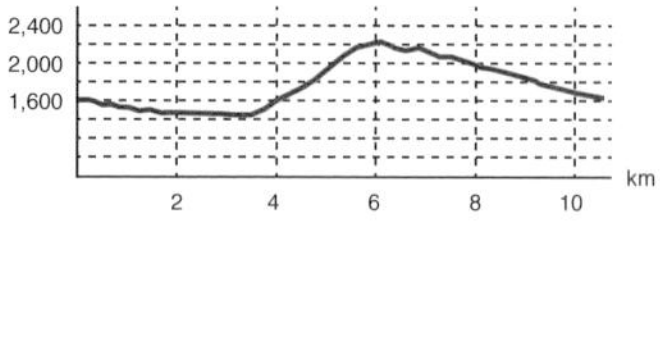

至仏山（群馬県）

鳩待峠から登山口までは整備されているが、ここでも熊に注意する

　至仏山は尾瀬ヶ原の西側、群馬県側に位置し、尾瀬の湿原を通れる山ノ鼻コース（一方通行）が人気です。

　至仏山が山開きするのは夏季。落雷が多い時期です。午後は天気が崩れやすく、入山は午前9時まで。また、登山口までの木道で踏み外しの転倒事故が多いため、足下には注意して歩きましょう。

至仏山荘の先の研究見本園入り口

　山ノ鼻コースの登山口に行くには、バスやタクシーが到着する鳩待峠から尾瀬ヶ原入り口まで約1時間下ります。歩き始めの鳩待峠には登山ポスト、トイレがあります。木道歩きとなるため、迷うことはありません。

　鳩待峠から山ノ鼻までは、ゆるやかな下りです。尾瀬ヶ原入り口にある至仏山荘を経て研究見本園を通り、案内板の指し示す通り登山口へ向かいます。

　登山口からは木の階段や石を敷き詰めた整備された山道で、やや急登です。至仏山は蛇紋岩《じゃもんがん》系の岩石で形成され、森林限界が通常より低めです。30分ほど歩けば森林

登山道に入ってしばらくは足下がしっかり整備されているが急登が続く

森林限界を越え低木のハイマツが増える。足下は土から岩となる

限界を越えて視界が開けます。少し進むと眺望よく腰をかけられる休憩ポイントが現れます。

山頂から小至仏山を経て、オヤマ沢田代を通り鳩待峠へ

　岩の多いエリアを経たら、いよいよ山頂近く。木の階段など歩き

登山道も山頂近くになると、岩の上に木の階段で歩きやすく整備されている

やすい道に。山頂に到着すれば、絶景が眺められるでしょう。

　下山ルートはプチ縦走。心地よい稜線歩きをして小至仏山へ。

　基本的に下山の道も幅が狭いため、途中のテーブルとベンチがある休憩スポットがランチを食べるのにちょうどよいです。ただし、席数は限られており混雑時は埋まるので、昼食は素早く済ませられるものが無難。

　小至仏山からオヤマ沢田代を経て、樹林帯を進み、鳩待峠に下山します。

小至仏山へ向かう途中。心地よい稜線歩きが楽しめる

#06

筑波山

白雲橋コース

白雲橋コースは5つあるコースの中で一番長く歩き甲斐があり、筑波山の見所が満載です。とくに春は梅まつりもあり、おすすめのシーズンです。

アクセス

交通機関 TXつくば駅かつくばセンター駅から直行筑波山シャトルバスで筑波山神社入口まで。またはつくバス北部シャトルで筑波山口まで行き、沼田からシャトルバスに乗り筑波山神社入口まで。

マイカー 常磐自動車道の土浦北ICより、国道125号経由。約40分。筑波山神社付近の有料駐車場を利用。

基本情報

標高：877m（女体山）/871m（男体山）
総距離：約5.7km（下りは御幸ヶ原コース）
所要時間：登り2時間50分／下り85分
標高差：約610m

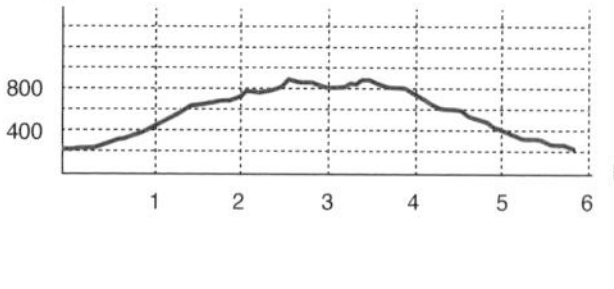

日本百名山は、文筆家、小説家で登山家の深田久弥によって定められた。

筑波山（茨城県）

筑波山の見所が堪能できる白雲橋コース

　首都圏からアクセスがいい筑波山は、日本百名山のひとつ。春から秋のシーズンは多くの登山客で溢れます。ケーブルカーもあり、普段山歩きをしない人でも楽しめるため、山頂駅にはお土産屋さんや食事処が多くあります。

　白雲橋コースの登山口は筑波山神社から。鳥居をくぐりスタートします。木漏れ日が心地よい樹林帯を進みます。

　白蛇を見ると金運が上がるとされる白蛇弁天が現れます。そこから約1時間歩くと、大きな岩が出てきます。高天原《たかまがはら》という巨石の上に鎮座する、天照大御神を祀った筑波山神社の摂社・稲村神社があります。筑波山の岩にはそれぞれ名前があり、名前の由来が案内板に書かれています。

　高天原から40分ほど歩くと、女体山の山頂（877m）へ到着します。女体山の山頂からは関東平野を一望することができ、遠くまで見渡せます。

　ここから男体山山頂（871m）へ向かいます。ゆるゆるとアップダウンがある稜線を歩いて、ケーブルカーの駅やレストハウスのある御幸ヶ原《みゆきがはら》へ。男体山の山頂は御幸ヶ原から15分ほど歩いたところにあります。

　下りは、御幸ヶ原コースなら白雲橋コースよりも20分早く下りられます。ケーブルカーの線路と平行した登山道があるので、タイミング次第でケーブルカーを見られることも。到着は筑波山神社。バス停は「筑波山神社入口」が近いです。

　下山開始の時間が思ったより押してしまった場合は、無理をせずケーブルカーを使うのがベストです。下山して時間に余裕があれば、筑波山神社付近の日帰り温泉に立ち寄っても。

木が高く、木漏れ日が美しい樹林帯

白雲橋コースには鎖場もでてくる

女体山の山頂にある岩の上で絶景を楽しむ。撮影スポットだ

御幸ヶ原にはケーブルカーの駅があり、売店が並ぶ

御幸ヶ原の飲食店で食べられるつくばうどん。地元の食材で作られている

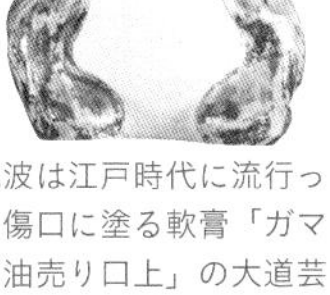

筑波は江戸時代に流行った傷口に塗る軟膏「ガマの油売り口上」の大道芸でも有名

#07

日和田山

物見山～日和田山

奥武蔵の豊かな自然を楽しめる里山。登山道に険しい箇所はほとんどなく、ファミリーでのハイキングにも最適です。

アクセス

交通機関 縦走コースは西武池袋線武蔵横手駅から。日和田山のみ往復の場合、最寄りは高麗駅から登山口まで徒歩約15分。

マイカー 縦走コースの場合、なし。日和田山のみ往復の場合、登山口近くに駐車場あり、一日300円要小銭。満車の場合巾着田駐車場一日500円。いずれも9～10月の彼岸花の開花中は付近の道路も渋滞するほど混雑するため、公共交通機関をおすすめします。

基本情報

標高：305m（日和田山）/375m（物見山）

総距離：約8.7km

所要時間：4時間

標高差：約290m

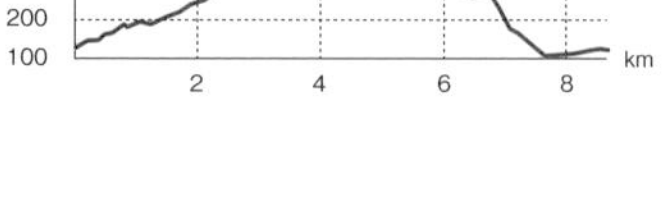

周辺の菜の花畑は4月頃がシーズン。

日和田山（埼玉県）

四季折々の自然、山頂からはスカイツリーも見ることができる

日和田山は、山歩きのほかに、麓の巾着田で春に菜の花、秋には彼岸花を楽しむことができ、都心からもアクセスがよい人気のスポットです。

西側の中腹にあるロッククライミング練習場は多くのクライミング愛好家で賑わいます。女性として世界で初めてエベレストに登頂した登山家・田部井淳子さんも、この山で訓練を積みました。

武蔵横手駅からしばらくは舗装道路を歩きます。駅から30分ほどで落差12mの水量豊かな五常の滝（要入山料）に到着します。ひっそりとした山林にたたずむその姿は、日常の喧騒を忘れ自然の中にいる喜びを感じさせてくれます。

20分ほど歩く林道の端には渓流が流れる

五常の滝から林道を20分ほど登り、鎌北湖・北向地蔵への標識から登山道へ。北向地蔵までは緩い登りが続きます。ところどころ分岐があるので注意しましょう。

五常の滝から40分ほど登ったところにある北向地蔵は天明6年（1786）に建てられて以来、村の人々を見守ってきました。

五常とは、身につけるべき５つの徳（仁義礼智信）を指す

ここから尾根沿いに奥武蔵自然歩道を歩きます。なだらかで歩きやすい道に木漏れ日が射し、穏やかな森林浴を楽しめます。

標識を物見山方向に進むと50分で物見山山頂です。木々に囲まれて展望はききませんが、ベンチがあって一休みするのには最適です。標識に向かって右方向（北東）に進めば、奥まった場所に一等三角点があります。山頂から10分ほど登山道を下ると、少しの車道歩きになります。道沿いに売店やトイレ、東屋があります。

標識から登山道に戻り、静かな森の中を一度下って登り返すといよいよ日和田山の山頂が近づきます。山頂直下には岩のゴツゴツしたところがありますが、注意して登れば問題ありません。岩の表面にあるアンモナイトの化石を見つけられるでしょうか？

あともう少しで山頂！というところで岩が露出している場所も

岩場を抜けると日和田山山頂。北東方面に展望の開けた、静かな山頂です。少し下った金刀比羅神社からは、鳥居の向こうに巾着田や麓の街並みを見渡すことができます。展望はここが一番です。

鳥居から登山道は二手に分かれ、右は急な岩場の男坂、左は整備され歩きやすい階段が続く女坂です。不安があれば、女坂を選びましょう。

金刀比羅神社は見晴らしよく、景色を楽しむことができる

#08

棒ノ折山

白谷沢ルート

岩場、渓流、林など山容がさまざまに変わります。低山ですが、飽きずに山歩きができるのが特徴！

アクセス

交通機関 西武池袋線飯能駅より国際興業バスでさわらびの湯バス停まで約40分。

マイカー 圏央道の狭山日高ICで下り国道299号から県道70号、県道53号でさわらびの湯へ向かう。約30分。駐車場はさわらびの湯が150台収容可能。登山者は第3駐車場を利用する。または、名栗湖周辺にある駐車場を利用。

下山後にさわらびの湯で汗を流して帰るのもおすすめ。

基本情報

標高：969m

総距離：約8.3km

所要時間：5時間

標高差：719m

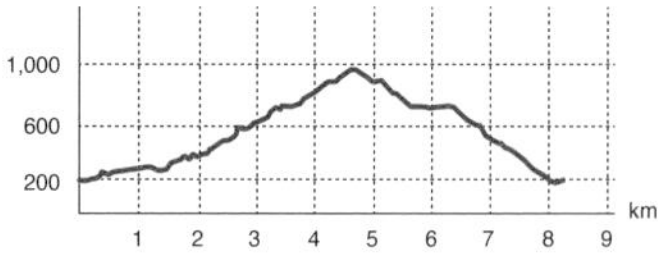

棒ノ折山（埼玉県・東京都）

木漏れ日や沢歩きが楽しめる初夏におすすめのルート

　白谷沢ルートは有間《ありま》ダムを通り、ダムのそばにある白谷沢登山口から入山し、滝を眺めながら沢沿いを歩いて山頂を目指します。下山は滝ノ平尾根を下ります。

　スタートとなるさわらびの湯バス停は広場になっており、自販機やトイレがあります。舗装路を上りの方面に進みます。有間ダムを通過し、道なりに歩くと橋を渡った山側に「棒ノ嶺」の案内板が立つ登山口が現れます。登山口からは樹林帯に。天気のいい日は木漏れ日を感じながら歩くことができます。20分ほど歩くと沢になり、少しばかり沢沿いを歩きます。

橋を渡って左手に見えてくる案内板

沢歩きや稜線歩きが楽しめ飽きずに歩ける

　白谷沢ルートにはゴルジュ（V字の峡谷）があるのも人気の理由のひとつ。登山口から30分ほど歩くとゴルジュを通れます。危険箇所はないものの、沢で岩が濡れ、苔が生えている箇所もあるため滑りやすいので注意しながら進みます。鎖場やロープもでてきます。

　沢のエリアが終わると木道の階段が現れ、登り切ると林道に出ます。林道を渡ったところの広場には腰掛けられるベンチがあるのでひと休みすることができます。

ゴルジュを渡るのが楽しい

　ここから岩茸石へ向かいます。岩茸石は道をふさいでいるように見えますが、左手を覗くと通路になっているので通ることができます。そのあとは林の中の尾根歩き。晴れていれば木漏れ日が心地よいエリアです。

木漏れ日がうれしい。尾根歩きはやや急登。ゆっくり歩こう

　平たいベンチがある権《ごん》次《じ》入《り》峠に到着。ここから20分ほど歩けば山頂です。山頂は見晴らしがよく、春には桜を楽しめます。

　下山は岩茸石まで同じ道を下り、滝ノ平尾根へ。林道に出るので横切って進みます。谷を削って作ったような階段を進みます。

　住宅地のような場所に出ますが、道なりに歩き、赤い手すりの橋を渡って、左折しそのまま進むとさわらびの湯へ到着します。

　飯能駅行きのバスは基本的に1時間に1本、最終バスは17～18時台なので確認しておきましょう。

山頂の見晴らし。奥武蔵の山々を眺めながらランチができる

広い山頂には東屋もある。自炊しやすい環境だ

#09

雲取山

三峯神社～鴨沢ルート

東京都最高峰の雲取山は奥秩父の自然を存分に満喫できます。交通アクセスも考え、一泊二日の行程で組むとよいでしょう。

アクセス

交通機関 西武秩父線西武秩父駅から西武バス三峯神社行きにて三峯神社バス停で下車。約1時間15分。

マイカー 東京方面からは関越自動車道の花園ICより皆野寄居バイパス経由で約2時間。山梨方面からは中央自動車道の甲府昭和ICより国道140号、雁坂トンネル経由で約2時間半。三峰駐車場は約240台、一日520円。

アップダウンが多く、体力を使います。
行動食を多めに用意しておきましょう。

基本情報

標高：2,017m
歩行距離：約8.6km（1日目）、
約11.6km（2日目）
所要時間：5時間半（1日目）、
5時間（2日目）
標高差：915m（1日目）、
約1,470m（2日目）

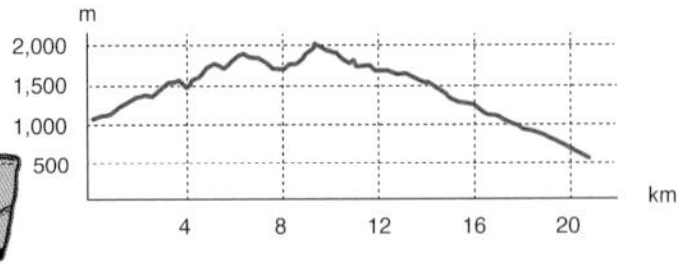

雲取山（埼玉県・東京都・山梨県）

1日目は三峰神社から霧藻ヶ峰を経由し雲取山荘で一泊する

出発地となる三峰神社への階段を上がると、三峰神社本殿へ続く左手方向の道には売店が並び参拝客を出迎えます。右手方向へ10分ほど車道を進み、登山ポストのある鳥居をくぐって山道に入ると、しばらく林が続きます。ルート上には多くの標識が設置されているので、確認しながら歩きましょう。

妙法ヶ岳への分岐を右方向に進んで炭焼平を越えると次第に急坂になり、登り上げると1時間20分で地蔵峠です。

三峰駐車場にはトイレがある。階段を上ると三峰ビジターセンターが現れる

ここから10分ほど進みトイレと秩父宮御夫妻のレリーフが現れると、霧藻ヶ峰に到着。霧藻ヶ峰休憩所からお清平へ下り、鎖場や階段のある細い尾根を登り上げると傾斜が緩み、時折右手に展望を楽しみつつ前白岩山を越えます。約1時間30分で白岩小屋が現れます。白岩小屋からダケカンバ林の急坂を登り、ベンチのある白岩山を越えると芋ノ木ドッケです。寒い時期は凍結に注意して木製の階段を進み、苔むした森に自然の深さを感じられる原生林を歩きます。

白岩小屋から70分の大ダワのベンチでひと休みした後、左方向の緩やかな女坂を進むと30分でテント場を通り過ぎ、雲取山荘に到着。温かい雰囲気に趣のある雲取山荘は宿泊もテント泊もでき、小屋の前にはトイレも整備されています。

霧藻ヶ峰。テーブルとベンチがあり、山々の展望を楽しめる

閉業中の白岩小屋裏手から和名倉山や両神山が眺められる

2日目は雲取山に登頂し七ツ石山から鴨沢へ下山

針葉樹の深い森の中、急登を登り雲取山山頂へ。日の出前に出発し、ご来光を楽しむのもよいでしょう。山荘から30分で到着です。東京都最高峰となるこの山頂からは富士山や、晴れていれば都心の眺望も得られます。

山頂から鴨沢方面へは石尾根縦走路に入ります。小雲取山を経由し心地よく開けた尾根を歩き、ブナ坂の分岐から登り返すと1時間30分で到着する七ツ石山山頂からは、登ってきた雲取山や南アルプスの展望を味わえます。七ツ石山から標識に従い富士山の展望のよい七ツ石小屋へ下ります。周辺は分岐が多いので注意しましょう。

七ツ石小屋で休憩し、足下の悪い急坂を下ると、その後は平坦で歩きやすい道が続きます。途中右手に水場があり小屋から2時間ほどで丸い看板が目印の小袖登山口に、林道を使って20分で鴨沢に到着します。

晴れた日には素晴らしい景色を見ることができる

テント泊デビュー記念には、手の込んだカレ　に挑戦！

御岳山
ロックガーデン周遊コース

御岳山は、山岳信仰で関東の霊山のひとつ。また、魔除けの神としておいぬ様信仰があり、大口真神のお札が知られています。

アクセス

交通機関 JR御嶽駅で下車し、西東京バスに乗り「ケーブル下」へ。御岳登山鉄道（ケーブルカー）滝本駅から御岳山駅まで上がる。

マイカー 中央自動車道の八王子IC第2出口を下り、国道411号を青梅方面へ約50分。または、圏央道の青梅ICを下り、国道411号を奥多摩方面へ約40分。御岳登山鉄道滝本駅に向かい、付近の駐車場を利用。

基本情報

標高：929m
総距離：約5.4km
所要時間：4時間
標高差：ー

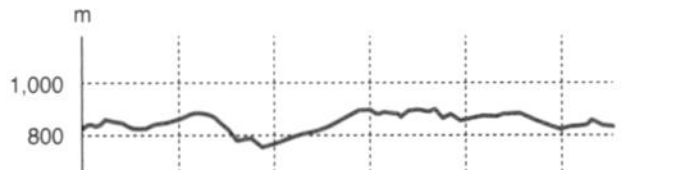

御岳山（東京都）

ゆるゆると自然を満喫するハイキングとして楽しむ御岳山

　御岳山は魔除けの神「おいぬ様」（本来は日本狼）の信仰があり、犬フレンドリーの山。愛犬家にはよく知られている山で、犬とトレッキングをする人も見かけます。

　御岳山には5つのハイキングコースがあり、なかでも人気なのがロックガーデン周遊コースと呼ばれる1・5㎞の沢沿いを歩くコース。ピークハントを目的としないハイキングで、御岳山にある「七《なな》代《よ》の滝」や、「綾広の滝」など小さい滝を眺めることができます。

　ロックガーデンを一周するには、武蔵御嶽神社から登山道を歩きます。武蔵御嶽神社へは、御岳登山鉄道滝本駅からケーブルカーで御岳山駅まで上がります。ケーブルカーを使うと歩行時間、距離が短くなるため、物足りない場合はふもとから登れるルートを利用すると1時間ほどで御岳山駅まで歩いて上がれます。

　ケーブルカーの乗車時間は約6分。到着する御岳山駅を下りると御岳平という広場があり、食事処やお土産屋さんがあります。ここから、武蔵御嶽神社へ。

春は参道から向かいの山に桜が咲いているのが眺められる

長尾平にも桜が咲く。ベンチがあるのでゆっくり調理もできる

春は新緑や桜、夏は渓流が心地よい

　武蔵御嶽神社は、春には参道から見える山に山桜も咲き、ロックガーデンを周遊する際に通る長尾平という広場でも山桜が楽しめます。また危険箇所はなく、歩きやすい道で楽しむことができます。

　長尾平から天狗岩へ向かいます。天狗岩は岩の上まで登ることが可能。天狗岩から案内板を確認して七代の滝に立ち寄ります。七代の滝は、ロックガーデンの下流に位置します。ロックガーデンには小さな沢があり、沢沿いを歩いていくと東屋の休憩所があります。

　その先には綾広の滝。七代の滝よりも規模感は少し大きめです。その後、武蔵御嶽神社へ戻りましょう。

渓流には飛び石があり、山歩きが楽しい

たくさんの人でにぎわう綾広の滝

時間がたっぷり使えるハイキングでは、お米から炊いて調理するのもおすすめ

#11

高尾山

稲荷山コース

観光と山歩きがセットで楽しめる高尾山は、登山デビューに最適な山。歩き甲斐のあるロングコースで高尾の山を満喫してみましょう。

アクセス

交通機関 京王線高尾山口駅より徒歩5分でケーブルカー清滝駅そばに登山口がある。帰りは山頂から歩いて下山か、山頂から少し歩いた箇所にあるリフトなら12分、ケーブルカーなら6分乗車すると薬王院近くまで上がれる。

マイカー 中央自動車道八王子JCT経由、圏央道高尾山ICを下り、国道20号を新宿方面に5分程。八王子市営高尾山麓駐車場と高尾山薬王院祈祷殿駐車場などに駐車可能だが、週末など混雑時は満車になることもある。

基本情報

標高：599m

総距離：約7km（下りは1号路）

所要時間：登り90分、下り70分
（いずれも休憩含まず）

標高差：398m

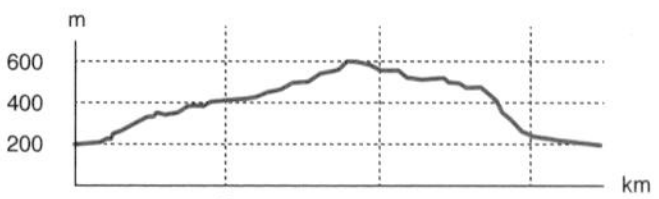

高尾山（東京都）

危険箇所がなく、自然豊かな登山入門として最適な稲荷山コース

高尾山には計9つのルートが用意されています。そのなかでも人が少なめで自然を感じられるのが稲荷山コース。登り始めはやや急登。階段が続きます。途中に旭稲荷があらわれます。

登山口すぐの小さな橋を渡ると続く階段。ウォーミングアップにちょうどよい

しばらく続く林道の中のゆるやかな稜線歩きで息を整えて自然を楽しむことができます。急登からの平坦な道で汗冷えなどを体験し、衣類の調整など、山歩きならではの基本が自然と身につくでしょう。

稲荷山コースは、全体的にゆるやかなアップダウンが繰り返され、延々と稜線を歩くので、道迷いしづらいコースです。ただ、足下は木の根が多いため、滑りやすいことも。登山靴がベストですが、まずは山歩き体験として始めるようであれば、滑りにくい運動靴で代用してもよいでしょう。

40分ほど歩いた頃に現れる東屋は、山頂で見渡せる山々の眺望とは反対方向の都心を一望できます。山頂までにはまた急登の階段があるため、疲れを感じているようならここでひと休みし、山頂へ向かいましょう。そののち、6号路、5号路交差を経て木の階段を上ると山頂に到着します。

休憩所で見渡せる景色。空気が澄んでいればスカイツリーも見える

高尾山山頂は、食事処や日当たりのよい広場にベンチも多く、お弁当派にも嬉しい広さです。

山頂にある高尾ビジターセンターでは、イベントやワークショップが行われていることもあるため、それに参加した山行にしても楽しそう。事前にウェブサイトなどで確認をしてタイムスケジュールをたてておきましょう。

山頂で腰をかける場所は多くありますが、混雑すると場所がなくなるので、敷物を持っていってもよいかもしれません。特に桜や紅葉の時期は混雑します。

山頂近くの木の階段。200段あるためややきつい

帰りは薬王院をまわれる1号路なら表参道になるため茶屋もあります。疲れているようならケーブルカーで下りて、高尾山口駅に併設されている温泉を楽しむのもよいコースです。

山頂の食事処ではとろろや山菜蕎麦が人気！下山途中にごま団子などの甘いものもある

高尾ビジターセンター　https://www.ces-net.jp/takaovc/

#12

鋸山

車力道コース

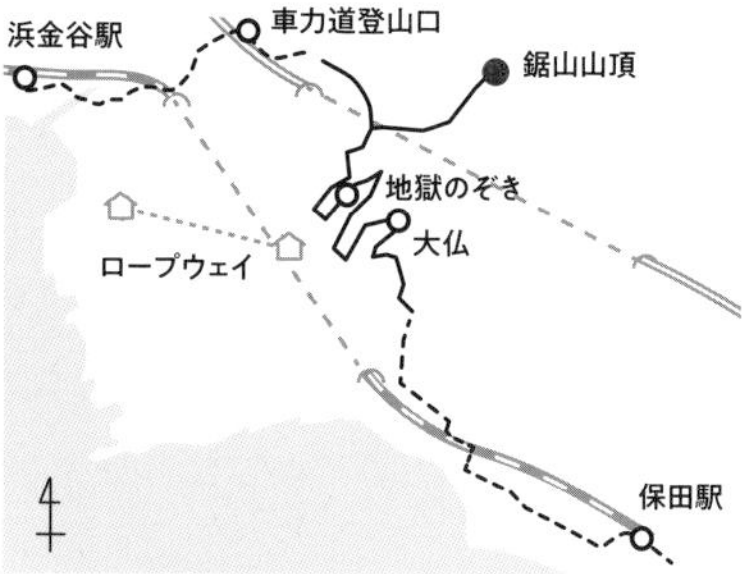

アクセス

交通機関 JR浜金谷駅から徒歩約20分で車力道登山口へ。

マイカー JR浜金谷駅付近の有料駐車場へ。神奈川県や静岡方面からなら横須賀市の久里浜港で車ごとフェリーに乗り金谷港へ。

基本情報

標高：329.4m

総距離：約8km（下山：保田駅）

所要時間：5時間

標高差：約325m

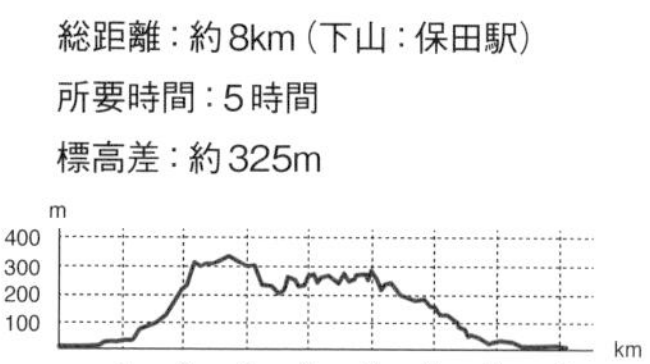

駅前のコンビニを逃すと食べ物を買うポイントがないため、飲食物はあらかじめ十分用意しておきましょう。

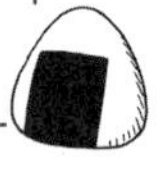

石切場の歴史とともに山歩きができて、見所満載の鋸山。水平線が見える展望台もあります。お弁当を持ってでかけてみましょう。

鋸山（千葉県）

トンネルの脇に添えてある案内板を
見落とさないように

昭和60年まで稼働していた
石切場があり飽きずに歩ける

浜金谷駅から一般道を約20分歩いて車力道入口から登山を始めます。浜金谷駅から登山道までがややわかりづらいものの、要所に案内板があります。住宅地を歩いていくと、観光案内所が現れます。首都圏で駅から山が見える距離の低山といえど、歩行距離もありますし、コンビニは駅前のみになるため（2021年現在）、飲み物、行動食、お昼ご飯はしっかりと用意していきましょう。

住宅地を過ぎるとトンネルがでてきますが、トンネルの中は通らず案内板が指し示す方向の側道を歩きます。この先が車力道入口です。登山道に入ると石畳を歩いて林道へ。低山なので木に囲まれ、見晴らしがいいわけではありませんが、もともと石切場だった鋸山、片鱗が山のあちこちにあるため見所はたっぷり。例えば、登山道ひとつとっても、車力道と名のつくとおり、切った石を荷車で運搬していた跡があったり、石切場や朽ちた鉄製の機材が残されていたりします。登山道はほとんどが整備されていますが、石や枯葉が多く滑りやすいので注意しましょう。

石屋の名前が彫られているのがわかる。
ロゴが彫られているものも

遺跡のような石切場が見所ですが、ここでとれる石や岩は、もともと江戸時代から昭和初期に建築資材として使われていた房州石という凝灰岩。今でも石切場にはそれぞれ石屋のマークが残されているので、探してみましょう。石切場をあとにしたら山頂を経て、日本寺へ。

朽ちた機械も面白い。
あちこちに設置されたまま残る

山頂でのランチのあとは
日本寺で地獄のぞきを楽しむ

石切場から少し歩くと幅の狭い階段があります。この先に展望台と山頂への案内板が現れます。展望台は晴れていれば東京湾、相模湾を一望することができます。ベンチもあるので、お昼はここで食べるのがおすすめ（国定公園内のため火気使用不可）。

日本寺は拝観料が必要です。境内にある地獄のぞき（右ページ写真）が人気スポット。

下山は来た道を戻るか、保田駅方面は春なら菜の花を眺めながらのどかな町並みを楽しめます。

日本寺から眺められる相模湾。
三浦半島を一望できる

戦死、病没された殉難者供養と交通
犠牲者供養のために彫られた観音様

#13

鍋割山

後沢乗越ルート

おいしいランチを目指して急な上りを歩き切れば、富士山が見晴らせます。山歩きに慣れてきたらぜひ挑戦してみましょう。

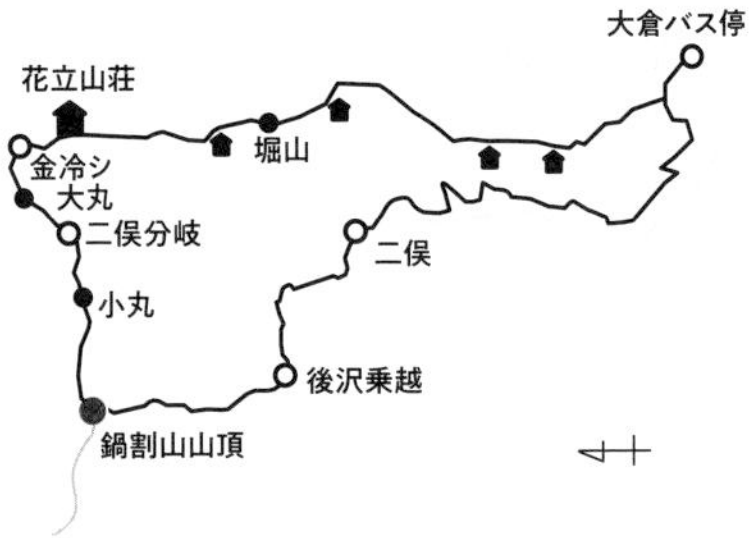

アクセス

交通機関 小田急電鉄小田原線の渋沢駅下車。神奈川中央交通バスの渋02大倉行きに乗車し大倉バス停で下車。

マイカー 東名高速の秦野中井ICを下り、約25分。大倉駐車場(有料)あり。

基本情報

標高:1,272m(鍋割山)/1,386m(大丸)

総距離:約18km

所要時間:8時間半

標高差:1,096m

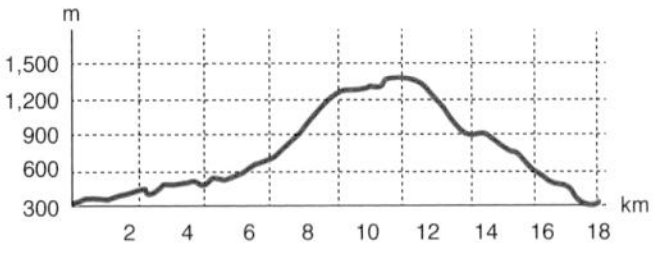

山小屋のごはんを利用する予定でも、念のため軽い1食分のごはんと多めの行動食を用意しておきましょう。

鍋割山（神奈川県）

林道や沢、尾根歩きができる後沢乗越から山頂へ

　丹沢山系の鍋割山へのルートはいくつかありますが、ここで紹介するのは沢あり尾根歩きありの、大倉から二俣を通って後沢《うしろさわ》乗越《のっこし》から登るルートです。

　トイレや登山ポスト、自販機がある大倉バス停からスタートします。ここから住宅地を20分ほど歩き、ゲートをくぐって西山林道へ。夏場はヤマビルが増える時期なので対策をしておきましょう。

　平坦な林道を1時間ほど歩くと、二俣に到着します。

林道のゲートは野生動物を避ける仕組みになっている

　二俣は、四十八瀬《しじゅうはっせ》川《がわ》の支流であるミズヒ沢と勘七ノ沢の出合う場所。沢には橋がかかっています。

　二俣は名前のとおり、分岐があるところ。小丸尾根と後沢乗越の分岐の案内板が出てくるので、後沢乗越へ（小丸尾根からも鍋割山へは行けますが、少し時間がかかるルートです）。やや険しい道が続きます。50分ほど歩いて、後沢乗越へ到着します。ここからは視界が開け、西側（左手）に富士山が見えることも。

しばらく続く平坦な道。
木漏れ日が心地よい

　休憩を交えながら1時間半ほど歩くと、鍋割山山頂へ到着します。

大雨の後は増水する可能性がある。
前日の天気もチェックしよう

富士山を目の前に眺めながらおいしいランチを楽しめる

　山頂からは、富士山が一望できます。鍋割山荘の名物鍋焼きうどんは、数量限定なので早め到着が吉。空腹でつい急いで入ってしまいたくなりますが、山小屋に足を踏み入れる際は、書かれている注意書きを読んで手順を心得ましょう。売り切れもあるので、昼食は自前で持っていくのが安心です。

　下山は、山頂から1時間ほど歩いて金冷シ《きんひやし》（分岐）、大倉尾根を下ります。大倉では階段から木道になり、山頂から1時間強下りたところに花立山荘があります。そのあと山小屋や茶屋、山民宿など建物が合計5棟。営業していない小屋もあるので、休憩ポイントとして把握しておくとよいでしょう。

　大倉バス停ではシューズを洗う場所があるのでバスに乗る前にきれいにできます。

急登の尾根を歩く。たまに平坦な道があるので息を整えられる

人気の鍋割山荘の鍋焼きうどん。公式サイトで定休日など事前に確認しよう

#14

三ノ塔

岳ノ台ハイキングコース

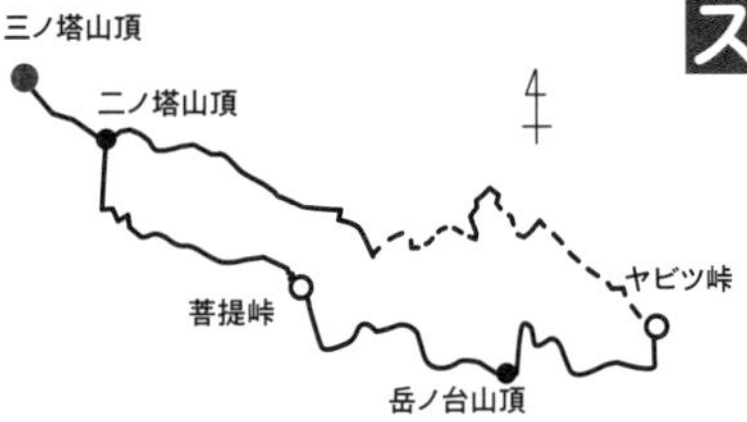

丹沢の玄関口・ヤビツ峠から歩くハイキングコース。ハードな山歩きではなく、心地よく山歩きを楽しみたいときに向いています。

アクセス

交通機関 小田急小田原線秦野駅から神奈川中央交通バス、ヤビツ峠行きにて約50分。

マイカー 東名高速の秦野中井ICより約30分。または、国道134号から県道62号を使って北上し、県道70号を使ってヤビツ峠へ。駐車場は約25台（無料）。シーズン中の休日は早朝から混み合うので注意。満車の場合は菩提峠の駐車場（約30台）を利用。

基本情報

標高：1,205m

総距離：約7.6km

所要時間：5時間（休憩含まず）

標高差：444m

三ノ塔（神奈川県）

ヤビツ峠から岳ノ台
菩提峠を経て三ノ塔へ向かう

ヤビツ峠に着いたら、公衆トイレと登山ポストがあります。２０２１年３月にはヤビツ峠レストハウスがオープンしました。登山口はロータリー斜め向かいにあります。登山口から15分ほど登ると東屋に到着です。

東屋で一息ついたら緩やかな下り坂に。細かなアップダウンを繰り返し、空が開けてきます。展望こそ少ないものの、清々しい空気のなか、心地よく歩けます。

岳ノ台山頂まではやや荒れて難路。
ヤマビルが多いため対策をしていきましょう

少しずつ植生が変わり、東屋から約20分で岳ノ台に到着です。展望台に上れば、丹沢山地の豊かな山並みを堪能できます。

岳ノ台山頂から30分ほどかけて菩提峠へ歩きます。標識を確認して進みましょう。菩提峠にはハンググライダーの出発点があり、運がよければ空を舞う姿が見られるかもしれません。駐車スペースの横の標識から登山道に復帰します。開けていて少しわかりづらいのでよく探してみましょう。急な樹林帯を歩き尾根に出て進むとザレた斜面にトラロープが設置された箇所があります。ロープに頼りすぎず、手足の三点支持（３ヶ所安定させた状態）で登りましょう。

階段を上がりきったあとのゆるやかな
登山道

岳ノ台。展望台のようになって
いて見渡すことができる

菩提峠から1時間ほど進み、傾斜が緩んだ所に日本武尊の足跡があります。さらに5～10分ほどの登りを終え二ノ塔尾根に乗ると突然視界が開け、富士山や遠くの山を見渡せます。10分ほど尾根を登ると二ノ塔山頂に到着です。

展望も良くベンチがあり、
休憩に最適な二ノ塔の山頂

二ノ塔から三ノ塔へは一度下り登り返すこと15分で到着できます。足下はよく整備された木製の階段ですが、濡れていると滑ることもあり注意が必要です。

三ノ塔の山頂広場には休憩所やトイレもあり過ごしやすい空間です。

下山は来た道を戻ると遠回りとなるため、二ノ塔から富士見橋を経てヤビツ峠に下るルートが良いでしょう。天気が良ければ海を見ながら下ることができます。二ノ塔から40分で水場、ここから30分車道を歩くとヤビツ峠です。車の通行に注意しましょう。

三ノ塔山頂。塔ノ岳方面の
山並みや富士山を望める

※2021年現在、鎌倉市内ハイキングコースは一部通行止め

#15

大平山

天園ハイキングコース

山歩きのあとは、鎌倉市街でお土産を買ったり食事をしたり。体力があれば、海に夕日を見に歩いていくことも可能！

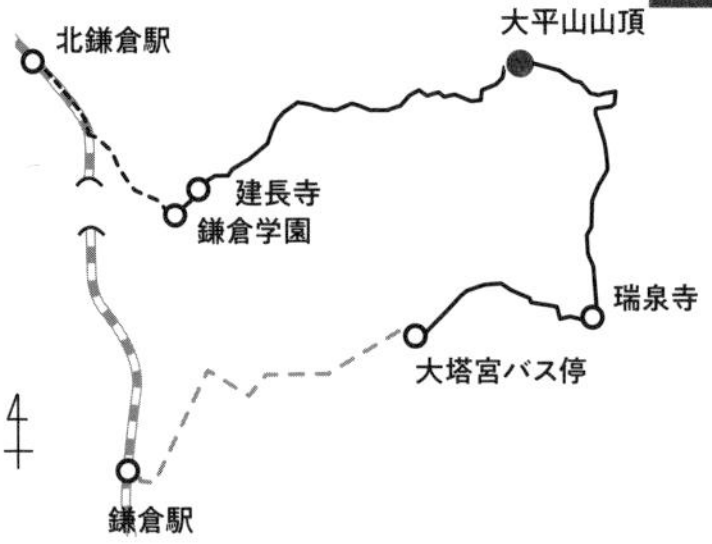

アクセス

交通機関　JR北鎌倉駅より鎌倉方面に歩き、建長寺へ（境内有料）。徒歩15分。または北鎌倉より江ノ電バス鎌倉駅東口行き「建長寺」下車。バス5分。

※鎌倉駅より近隣の山などから登るルートもあり

マイカー　横浜横須賀道路の朝比奈ICから県道204号を経て、県道21号で建長寺へ。約20分。※下山場所が異なる場合、電車で向かうか、鎌倉駅近辺の駐車場を利用。

基本情報

標高：159m

総距離：約6.5km

所要時間：3時間（休憩含まず）

標高差：約140m

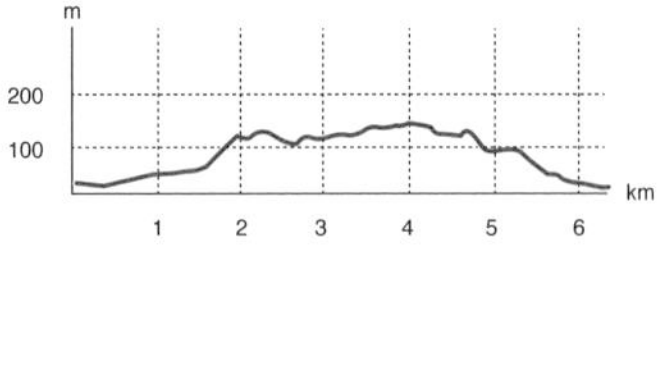

大平山（神奈川県）

北鎌倉駅を下車してスタート、鎌倉駅をゴールにする山行

ハイキングに観光をプラスできる鎌倉を囲む山の周遊コース。体力に自信がまだない人や、お子さん連れなどにおすすめです。疲れてしまったら近くの下山ルートで街に下りられるのが利点です。

山に入る場所（それぞれ登山口というほどの場所ではない）が多いため、下山したあとに鎌倉市街での観光をする流れなら、北鎌倉駅を下り、駅から徒歩15分ほどの建長寺という禅寺からの天園ハイキングコースで下山は鎌倉市内のはずれにある瑞泉寺に出て、バスで鎌倉駅周辺に戻るコースがおすすめです。

建長寺半僧坊、上りきった右手に
ハイキングコース入り口がある

建長寺の境内は有料となりますが、一見の価値あり。北鎌倉から建長寺の間には自販機はありますがコンビニはないため、昼食・行動食などはあらかじめ用意しましょう。

建長寺の半僧坊の右手奥にハイキングコースの入り口があり、そこから瑞泉寺方面へ向かいます。ハイキングコースに入ると早速急な登りがありますが、すぐに視界が開けた展望台に到着します。

ハイキングコース入ってすぐの展望台。
相模湾が一望できる

道幅は広くはない。ハイカーだけで
はなく、地元民の散歩道でもある

基本的に鎌倉の山の道幅はひとりかふたり並ぶといっぱいで、足下は土か枯葉、木の根など。危険箇所はありませんが、天園は道迷いをしやすいので、進みながらも自分がいる位置を案内板や地図などで把握しておきましょう。

鎌倉市街を囲む山には歴史を感じられるものが点在します。例えば天園ハイキングコースの十王岩には3体の仏像が彫られています。

建長寺上にある展望台から歩いて約1時間半道なりに進み続けると、大平山山頂に到着します。階段状に岩肌が出ていて腰をかけて休みやすいです。その先に天園休憩所があり、オープン時は軽食が食べられます。

案内板で「瑞泉寺経由鎌倉宮」方面に向かい、下山します。瑞泉寺から鎌倉駅周辺へは歩いても行けますが、交通量がある道路の歩道を歩くため、疲れていたら大塔宮からバスで戻るほうがよいでしょう。

天園休憩所では、季節の食材を
つかった軽食が食べられる

大平山山頂付近は広場のようにな
っているため休憩ポイントとなる

※2021年現在、前田川遊歩道は一部通行止め（登山口までは通行可）

関東

#16

大楠山

前田橋コース

川沿いを歩いたり、春にはお花畑や山桜を楽しめたりする前田橋コース。ゆるやかな山道で、子連れやビギナーでも挑戦ができますよ。

アクセス

交通機関 JR逗子駅または京急線逗子・葉山駅から、京浜急行バスの大楠芦名口、横須賀市民病院、長井行きに乗り前田橋バス停まで。約20分。下車後、登山口まで徒歩約12分。

マイカー 国道134号沿いの県営立石公園駐車場から約15分歩き、前田橋バス停へ。前田橋バス停から登山口まで徒歩約12分。

基本情報

標高：242m

総距離：約7km

所要時間：3時間（休憩含まず）

標高差：225m

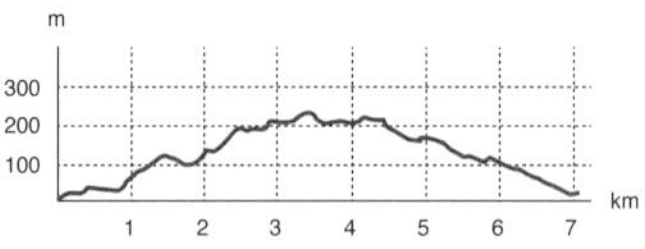

子どもとの山歩きデビューにも向いています。山頂が広いため、ファミリーでものんびりと過ごせるでしょう。

大楠山（神奈川県）

川歩き、ゆるやかなハイキング、野鳥や草花が多く飽きずに歩ける

　大楠山は三浦半島のなかで一番標高が高く（242mの低山）、ハイキングコースとして人気があり歩きやすい低山です。

　春は山桜が咲き、展望台では菜の花がいっぱいに咲きます。

　おすすめは逗子駅からバスに乗って前田橋バス停からのルート。

　バス停を下りて、すぐ左に入れる道を歩き、ゆるやかな坂道を降ります。お国橋が現れ、橋のそばにある案内板の脇から前田川遊歩道に下ります。700mほど川沿いを歩いて大楠山方面へ進むと登山口への分岐が現れます。

前田川遊歩道は飛び石があり、
楽しく歩くことができる

　登山口からはゆるやかな上りで、足下は歩きやすく整備され、足を滑らすとしたら枯葉や木の根。滑りにくいスニーカーなどでも歩けます。

　山頂に向かう途中にあるレーダー雨量観測所からは横浜、江の島、空気が澄んでいれば伊豆七島の大島も見ることができます。

　登山道にはベンチなどの休憩ポイントもあり、トイレはレーダー観測所のそばにあるので、小さな子どもと一緒でも安心して挑戦できるでしょう。レーダー観測所を過ぎ、山頂に向かう途中に分岐がありますが、案内板に沿って階段を上がり山頂へ。

全体的に登山道はゆるやかで歩きやすい道

雨量を観測するレーダー観測所。
周辺は菜の花、山桜がいっぱいだ

広々とした山頂では相模湾が一望できる

　山頂は広場になっていて、日当たりもよいので、お弁当を広げたりゆっくりと過ごすのに向いています。山頂には大楠山ビューハウスという昭和時代を感じられる売店があり、おやつや軽食を買えます。

　下山は衣笠城址を通るか、前田橋の先にある大楠芦名口バス停に下りて、再び逗子方面に戻ります。帰りのバスでは海沿いを通るため、心地よい疲れのなか、葉山の海を眺めることができるでしょう。

山頂の大楠山ビューハウスでは
コーヒーや軽食も頼める

山頂手前の案内板。
下山時もチェックしよう

#17

金時山

金時神社コース

日帰りで景色がよく、山頂でおいしいものを味わえる条件を叶えてくれる山のひとつです。箱根なので下山のあとの温泉も楽しめます。

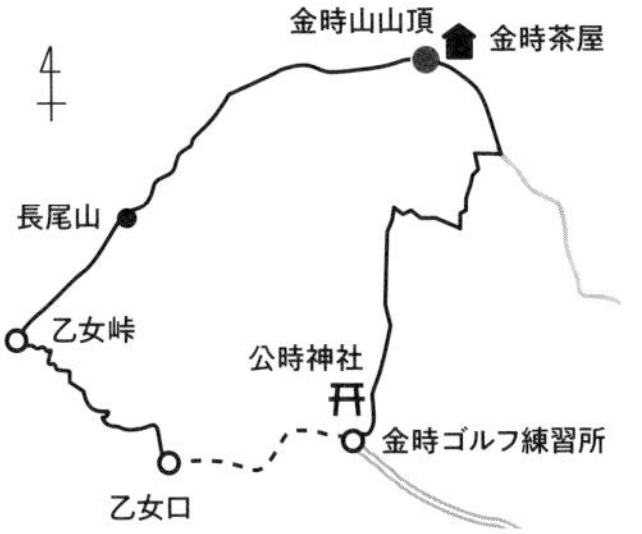

アクセス

交通機関 箱根登山鉄道の箱根湯本駅から箱根登山バス桃源台行きで25分、仙石案内所前で小田急箱根高速バス御殿場駅方面行きに乗り換えて2分、「金時神社入口」下車し徒歩7分。

マイカー 東名高速の御殿場ICを下り、国道138号沿いにある金時神社を目指す。境内に無料駐車場（約30台）があるが、満車になりやすい。満車の場合にはゴルフ練習所の駐車場（有料）に停めることも可能。

基本情報

標高：1,212m
総距離：約5.8km
所要時間：登り2時間 / 下り1時間40分
（いずれも休憩含まず）
標高差：約510m

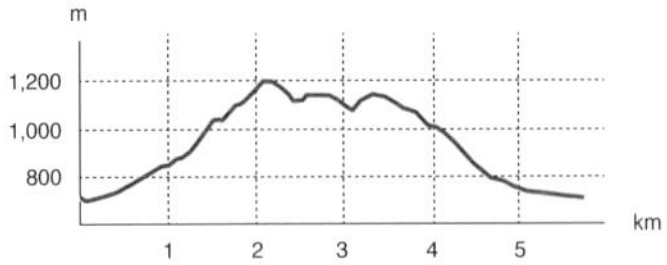

金時山（神奈川県・静岡県）

標高差や距離も程よく ステップアップ向きの山

金時山は、箱根外輪山のひとつで、金太郎伝説の山。山頂では富士山が一望できる人気の山です。

金時神社コースは見晴らしがよくなるのは後半になりますが、このルートは山頂までの道のりが短く、無料駐車場があるなどで登山者の多いコースです。

公時神社（金時神社）にある登山口からスタート。鳥居をくぐり、神社の境内へ。お参りする場所の右手から登山道があります。

公時神社の鳥居。
駐車場からほど近いところにある

しばらく木漏れ日が心地よい樹林帯を歩きますが、足下は岩などが転がり注意が必要です。道なりに進み、神社から20分ほど歩いた頃に金時宿り石に到着。ここから急登になるため、ウェアの調整などをするのによいポイントです。

さらに進んで、公時神社分岐に到着。分岐は休憩ポイントとなっていて、腰掛ける場所もありますが、週末は混雑しています。分岐から30分ほど階段や急な上りを歩いて山頂を目指します。

登山道は足下が岩のところも。
雨の翌日などは滑りやすい

金太郎と母が過ごしたという
伝説がある金時宿り石

山頂では富士山が眺められ、名物のきのこ汁がおすすめ

きつい上りを歩くと樹木でトンネルのようになっています。そこを抜けると山頂です。山頂は見晴らしがよく（右ページの写真参照）、その分風の影響が強いです。吹きっさらしのため、風がある日は晴れていても冷え込みます。羽織れるものがあるといいでしょう。

昼食が食べられる茶屋があり、有料トイレもあります。下山は長尾山（平坦で通過点のようなピーク）を通り、乙女峠へ。乙女峠も見晴らしがよく、今回紹介しているルートを逆に登るのもおすすめです。

下り続け、標高を下げると、樹林帯に。道を見失いそうになるので、注意して案内板を確認しながら進みましょう。

下山後は一般道に出ます。交通量が多いので注意しましょう。

金時山から長尾山に向かう途中の景色

山頂にある茶屋で注文できるきのこ汁

#18

苗場山

祓川ルート

標高2000mを越えた山頂付近に広がる広大な湿原は、まさに天空の楽園。花の百名山にも選ばれており多様な花が楽しめます。

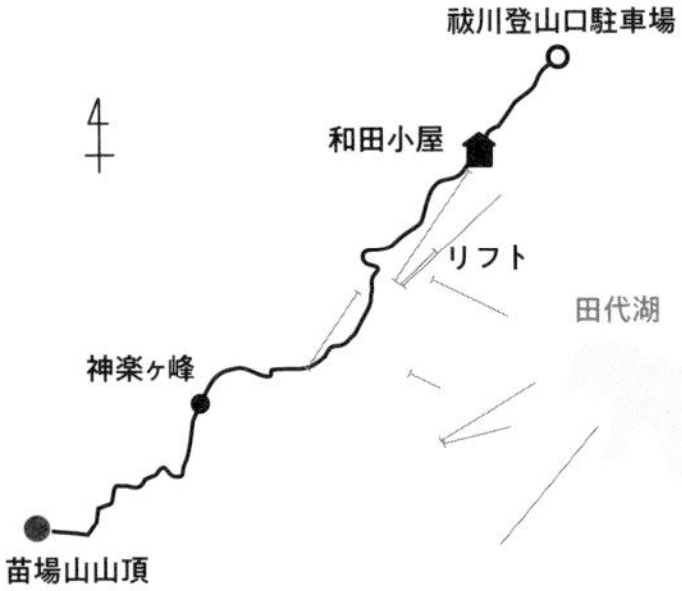

アクセス

交通機関 JR越後湯沢駅からタクシーで6,300円(ゆざわ魚沼タクシー)。

マイカー 関越自動車道の湯沢ICより国道17号を高崎・苗場方面へ。森林組合のゲートから林道を経由して、祓川登山口駐車場(有料)を利用。

基本情報

標高:2,145m

総距離:約14km

所要時間:9時間(休憩含まず)

標高差:929m

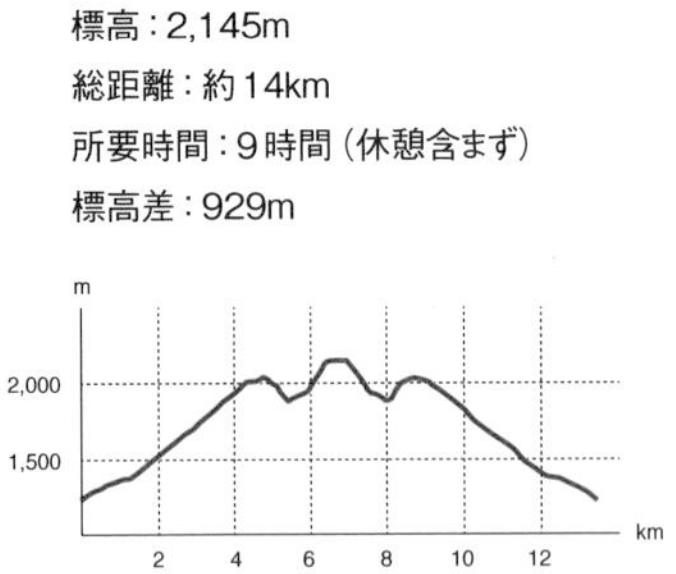

日帰りはスキルアップしてからにし、長距離・長時間の山歩きは1泊2日の山行をおすすめします。

苗場山（新潟県・長野県）

急坂を登り神楽ヶ峰を目指す

祓川《はらいがわ》登山口駐車場から舗装路を30分ほど登ると5合目の和田小屋に到着します（電車利用の場合は和田小屋に前泊します）。小屋にはトイレやレストランがあります。登山ポストと案内板から登山道へ。急坂が続きます。

森へ入ると足下には石がゴロゴロし、ぬかるんで滑りやすく、注意が必要です。1時間ほど登ると下ノ芝と呼ばれる平坦地に到着します。下ノ芝から中ノ芝に近づくにつれ次第に展望が開け、振り返るとカッサ湖（田代湖）や谷川連峰の山々を望むことができます。

和田小屋の近くには
登山ポストと案内板がある

整備された木道の間にところどころ岩が露出し、急登が続きます。

下ノ芝から45分の中ノ芝、中ノ芝から登ってすぐの上ノ芝にはベンチのある木製デッキが整備され、天気のいい日は展望もよく長めの休憩を取るのに最適です。上ノ芝からさらに登り、顕彰之碑を過ぎ、小松原分岐の標識を過ぎるとようやく傾斜が緩やかになります。

小松原分岐を表示通り進むと股スリ岩と呼ばれる大きな岩があります。段差が大きいので気を付けて通過しましょう。

中ノ芝からおよそ45分で神楽ヶ峰山頂に到着です。

ゴロゴロとした岩の足場が続く。
注意して進もう

大きな登り返しを経て天上の楽園へ

神楽ヶ峰を越えるとようやく目前に苗場山山頂の展望が開けてきます。滑りやすい下り坂を20分ほど下ると、雷清水と呼ばれる水場があります。水場の近くから、初夏〜夏全般にかけて高山植物の花畑が続きます。

下りきったら今度は展望を楽しみつつ急坂を登ります。水場から約50分、細い登山道をすれ違いに注意し急な上りを辛抱して登ると、目の前に空と湿原が広がります。山頂付近の台地は高層湿原で、

木道では池塘が現れ、春には多様
な花々、秋は紅葉が楽しめる

展望のわりに山頂
自体は地味だ

大小合わせて千を超す池塘が散在しています。遠くからでも確認できる広大で平坦な山頂は登らずとも目を引く存在です。

木道を右の方向に進むと山頂標識があります。近くには苗場山自然体験交流センター（苗場山頂ヒュッテ）があり、宿泊も可能。一泊二日で計画すれば、朝夕の景色も焦らずに堪能できます。

山頂の湿原には木道が敷かれ、1時間ほどかけて散策することができます。木道の脇にところどころベンチがあるため、お気に入りの場所で休憩しましょう。

下山は往路を戻ります。山頂直下は急なため、足下に気を付けて歩きましょう。山頂から約4時間で下山できます。

#19 燕岳 合戦尾根往復コース

運がよければ雷鳥や、季節によって高山植物のコマクサを楽しめます。燕岳は北アルプスを縦走する表銀座ルートのはじめの山です。

アクセス

交通機関 JR穂高駅から中房線乗合バスまたは中房温泉行き定期バス（いずれも冬季運休）約50分。タクシー約40分。

マイカー 長野自動車道の安曇野ICを下りて約1時間15分。登山者用の無料駐車場は、登山口周辺（3ヶ所、計約120台）と穂高市街地数ヶ所。登山口近くの駐車場までは山道で狭く、バスを利用するのがおすすめ。連休・ハイシーズンで登山口近くの駐車場が満車の場合は、誘導員が宮城ゲートの手前で他の登山者専用駐車場に案内。

基本情報

標高：2,763m

総距離：約11km

所要時間：登り4時間半 / 下り3時間15分
（いずれも休憩含まず）

標高差：約1,300m

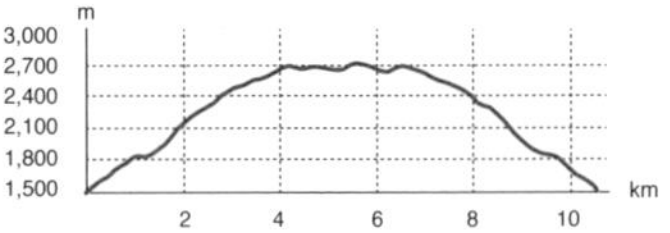

燕岳（長野県）

北アルプスの女王と呼ばれる白く美しい山頂の燕岳

燕岳、合戦尾根往復コースは、日帰りができる北アルプスの入門コースです。

中房温泉そばにある中房・燕岳登山口からスタートして合戦尾根を上がり山頂へ向かい、下山は登って来た道を戻ります。危険箇所は特にありません。ただし、北アルプス三大急登のうちのひとつ合戦尾根を歩くため、しっかりと歩ける足と体力が必要です。観光登山や低山歩きを経て、装備も揃いステップアップとして長めの山歩き、急登歩きや、北アルプスにチャレンジしたい人向けの山です。

中房温泉そばの燕岳登山口。早朝から登山客で賑わう

早朝にスタートするため、登山口近くの宿に前泊し、早めに就寝して睡眠時間を確保しておくのが理想です。

登山口から合戦小屋までは約3時間かかり、樹林帯が続きます。途中に現れるベンチは4ヶ所。ゆっくりと登り、都度休憩をしましょう。登山口から第二ベンチまでは特に急登です。

合戦小屋は、夏季の間、スイカが食べられることで有名で、テーブルやベンチもあります。ここでゆっくり休み、体を高度順応させましょう。

樹林帯の足下は土だが、高度が上がると白い岩が出てくる

合戦小屋の手前あたりから白い花崗岩《かこうがん》がよく見られるようになりますが、この花崗岩が細かくなったものが山頂に広がる真っ白な砂です。森林限界を完全に越えると、見晴らしのよい登山道です。

山頂近くの燕山荘《えんざんそう》前では、北アルプスの山々を眺めることができます。花崗岩でできた白く明るい山頂は、幻想的で非日常の景観を楽しめます。燕山荘から山頂へは40分ほどゆるやかな登山道。荷物をデポしてアタックザックのみで向かう人も。山頂への登山道には、まるでイルカのようなイルカ岩やメガネ岩と呼ばれる変わった形の岩があります。

合戦小屋前のテーブルとベンチ。休憩しつつ高度順応しよう

人気の燕山荘で山小屋ランチを食べて下山

燕山荘は収容人数650名と北アルプスでも大きな山荘で、食堂ではランチが楽しめます。

下山は来た道を戻ります。疲労による転倒や、足をくじかないように気をつけて下りましょう。

イルカ岩。山頂付近には写真を撮りたくなるスポットがたくさんある

燕山荘のランチ、チキンインドカレー。山小屋でおいしいカレーが楽しめる

#20

木曽駒ヶ岳

木曽駒ヶ岳コース

中央アルプスの木曽駒ヶ岳は木曽山脈の中で標高が一番高い山。ロープウェイで一気に標高を上げられます。

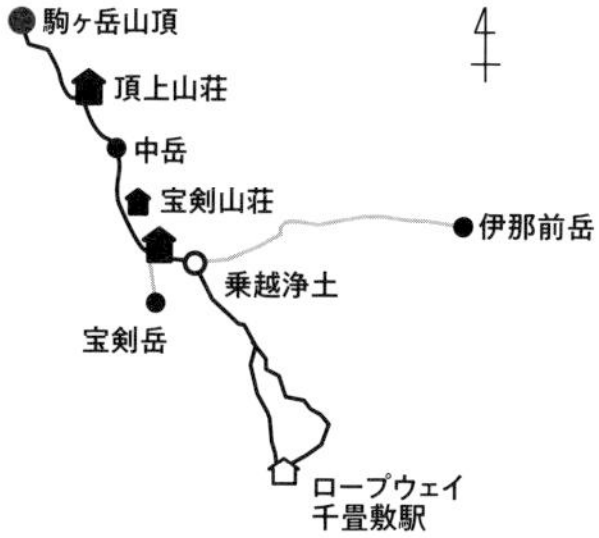

アクセス

交通機関 JR駒ヶ根駅から路線バスの駒ヶ岳ロープウェイ線に乗り、ロープウェイ駅のあるしらび平駅バス停まで約45分。

マイカー マイカー規制があるため、車で行くことができるのは菅の台バスセンターまで。中央自動車道の駒ヶ根ICで下り、駒ヶ岳方面へ。2km走って菅の台バスセンターに到着する。ロープウェイのあるしらび平までは路線バスの駒ヶ岳ロープウェイ線で向かう。約30分。

基本情報

標高：2,925m（中岳）/2,956m（木曽駒ヶ岳）

総距離：約4km

所要時間：登り2時間 / 下り80分

（いずれも休憩含まず）

標高差：344m

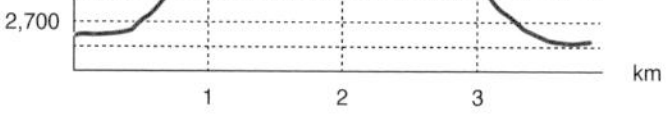

※伊那前岳、宝剣岳含まず

木曽駒ヶ岳（長野県）

歩行距離が少なく標高が高い山小屋やテント泊で人気の山

ロープウェイの千畳敷駅を出ると、目の前に壮大な千畳敷カール（お椀型に凹んでいる地形）が現れます。ここには景観や高山植物を楽しみに散策する観光客も多く、登山道までの遊歩道はさまざまな目的の人が歩いています。

遊歩道はスニーカーなどでも歩けるよう整備されていますが、登山道に入ると、岩が多く足下が悪いです。千畳敷駅から1時間ほど歩くと中岳、伊那前岳、宝剣岳の鞍部となる乗越《のっこし》浄土に到着します。乗越浄土までは急登が多く、一部

窪みのようになっているカール。低山では見られない景色だ

登山道で整備された道。足場の悪い箇所は板で整備されている

階段もありますが、浮石もあり足下は注意が必要です。

乗越浄土ではベンチがあり、ひと休みすることができます。到着して右手にある伊那前岳は、ゆるやかな稜線歩きが楽しめます。乗越浄土から木曽駒ヶ岳山頂までは歩いて約1時間。乗越浄土からは

乗越浄土は広場のようになっていて景色がよく、休憩もしやすい

乗越浄土に到着して右側に見える伊那前岳へのゆるやかな稜線

遮るものがなく、強風に注意。

乗越浄土から中岳を経て、駒ヶ岳へ

駒ヶ岳に向かう途中、左手にある宝剣岳は危険箇所があり、滑落死亡事故も多くビギナーには不向きです。宝剣岳手前にある山小屋、宝剣山荘には有料トイレがありま

中岳〜木曽駒ヶ岳山頂近くはゴロゴロと大きめの岩が転がる

す。

宝剣山荘を経て中岳山頂を通り、40分後には駒ヶ岳山頂に到着します。駒ヶ岳には頂上山荘があり、ここにも有料トイレ、テント場があります。

木曽駒ヶ岳山頂からは晴れて空気が澄んでいれば八ヶ岳方面、南アルプス、北アルプスを眺めることができます。山小屋やテント泊で、夜間の天気がよく新月の場合素晴らしい星空を眺められます。

下山は同じルートを通って戻ります。帰りのロープウェイの最終時刻を控えておきましょう。

時間に余裕があるテント泊なら、テント場についてからの調理も楽しめる

#21

吉田ルート 富士山

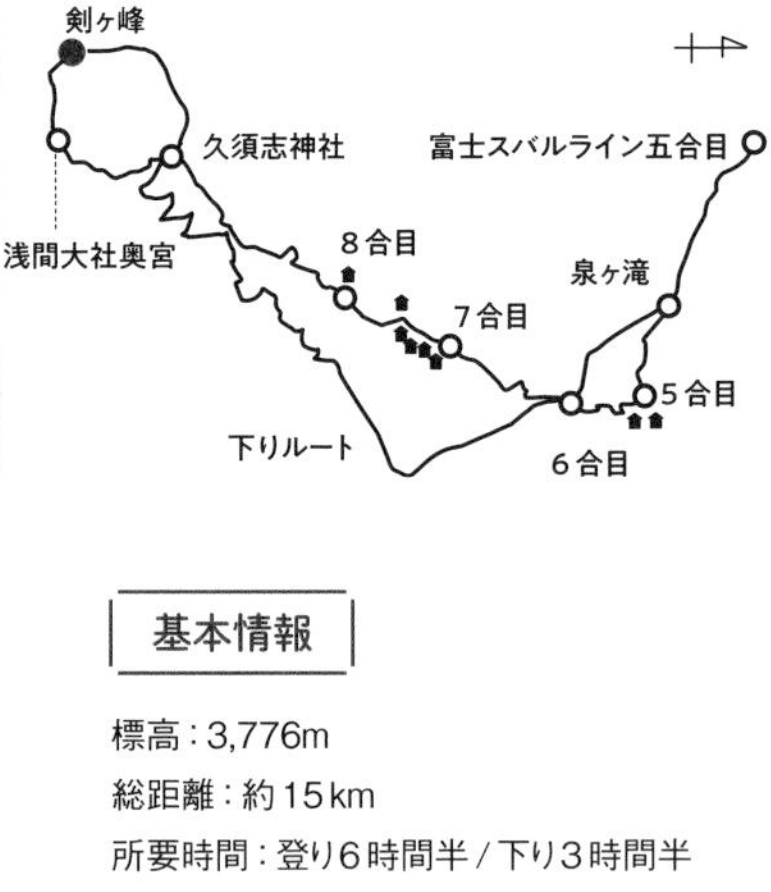

富士登山では高山病対策として、ゆっくり登るのがコツ。日帰りはトラブルのもととなるため、早めに山小屋を予約しましょう。

アクセス

交通機関 富士スバルライン五合目へは新宿・横浜から直通高速バスか、富士急行線富士山駅または河口湖駅から富士スバルライン五合目方面行きバスを利用。

マイカー 中央自動車道の河口湖ICを下り、国道139号を5分ほどで富士山駅へ。

※登山シーズンはマイカー規制があるため、富士スバルライン五合目に到着するバスに乗り換える必要がある。

基本情報

標高：3,776m

総距離：約15km

所要時間：登り6時間半／下り3時間半

標高差：1,471m

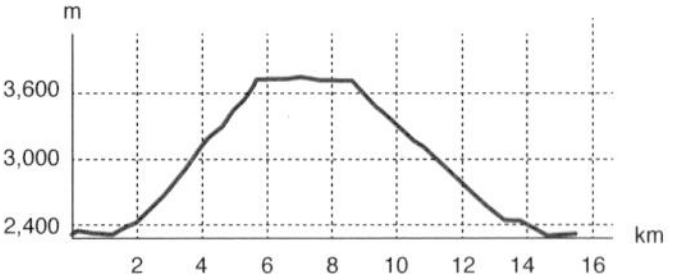

富士山（山梨県・静岡県）

1日目は早めにスタートし山小屋で体を休めよう

富士山には7つのルートがあり、そのなかでも歩きやすく人気のルートが吉田ルート。登りと下りで登山道が異なるため、すれ違いがなく歩きやすいのが特徴です。山小屋やトイレも多く初級者におすすめです。山小屋に必ず宿泊して一泊二日で歩くのが基本。

吉田ルートは富士スバルライン五合目からスタート。夏季はマイカー規制があるため、スバルライン五合目にはバスでアクセスします。シーズン中は登山者や観光客で賑わい、女性はトイレが混み合うので、到着したら先に済ませておきましょう。

まるで遊園地のような富士スバルライン五合目（コロナ禍前）。外国人が目立ちますね

登山口からはしばらく整備された登山道を歩きます。歩き始めの足下は土や砂利程度です。

30分ほど歩いた場所に富士山保全協力金の受付所があり、保全協力金（基本は千円）を支払います。

ここからは延々とジグザグの道を進みます。標高が上がるにつれ足下は岩ばかりになります。歩く際、石を転がさないようにしましょう。小さい石でも転がると加速し危険です。登山道を進むにつれ山小屋が現れます。飲料水や軽食が販売されています。

富士スバルライン五合目の登山口。写真撮影で人が留まりやすい

予約していた山小屋に到着するのは遅くとも15時が理想。到着したら、のんびり過ごしましょう。山小屋での過ごし方で高山病を避けられます。1日目はこれで終了です。

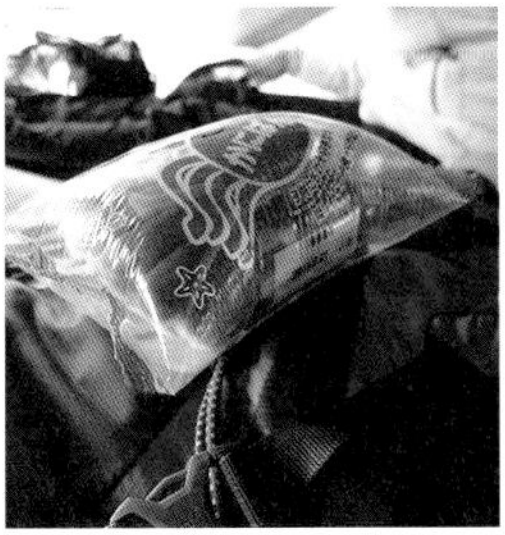
山小屋では密封された菓子パンの袋が気圧の影響でこんなに膨らむ

岩だらけの足下。もとは火山灰が岩になったもので突起が多い

2日目はご来光を見て山頂でお鉢巡りをして下山する

山頂でご来光を拝みたい場合は深夜に山小屋を出発となりますが、無理な山行は避けたいもの。標高が十分に高い山小屋の前でも、すばらしい朝日を眺めることができますよ。

2日目、山頂に到着すると、火口の縁を歩くお鉢巡りができます。一周2・6㎞に及び、1時間30分かかります。下山の時間を意識して歩きましょう。

下山は案内板に沿って歩きます。吉田ルートは須走ルートに分岐する箇所があるので、案内板を都度確認しながら進みましょう。

山小屋のカレー。朝ごはんはお弁当にしてくれる宿もある

富士登山オフィシャルサイト　http://www.fujisan-climb.jp/

#22

達磨山

金冠山〜達磨山

観光登山からのステップアップや、無理のないハイキングとしての縦走登山としておすすめ。下山後は近場の漁港に寄っても楽しい！

アクセス

交通機関 伊豆箱根鉄道駿豆《すんず》線修善寺駅から東海バスの戸《へ》田《だ》行きに乗り約30分、「だるま山高原レストハウス」下車。復路は途中の戸田峠から乗車すると近い。※修善寺駅行きバスの本数は少ないので注意。

マイカー 東名高速の沼津ICを下りて約60分。または伊豆縦貫自動車道を使い、修善寺ICから県道18号を道なりに上がって11kmほど。

基本情報

標高：816m（金冠山）/890m（小達磨山）/982m（達磨山）
総距離：約8km
所要時間：3時間半
標高差：362m

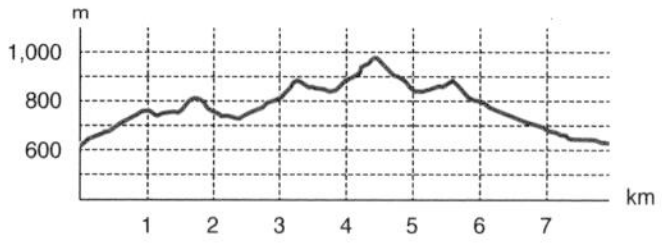

達磨山（静岡県）

駿河湾や沼津を一望する金冠山と笹原越しの富士山を眺める達磨山

金冠山、達磨山の縦走コースは、危険箇所が少なく、ほどほどに歩き甲斐のある距離で、どちらの山も眺望がよいのが嬉しい。低山でよくあるトラブルの道迷いをしにくいのも安心ポイント。

スタートはだるま山高原レストハウスから。山中にはトイレはなく、レストハウスのみなので、ここで用を足しておきましょう。

レストハウスを出て舗装路を右折し、上り坂を少し歩いた右手に登山口の案内板があります。

だるま山高原レストハウスを出て右折し、右手にある登山口。案内板が目印

登山道はしばらくは芝生のような足下で、幅が広めの歩きやすい道が続きます。ゆるやかなアップダウンを繰り返して金冠山を目指します。途中、舗装路と交差する場所がありますが、案内板の通りに金冠山方向へ進みます。登山口から50分ほどで登頂します。

金冠山山頂からは、登りの途中に出てきた分岐まで戻り、達磨山方面へ。舗装路を歩き戸田峠へ向かいます。西伊豆スカイラインというドライブルートでもあるため、車に注意して渡ります。

整備されて小さな子どもでも歩きやすい登山道

戸田峠駐車場にある案内板の横から登山道へ戻ります。日陰で湿地なのでぬかるむ箇所が多く、足下に注意しながら上りましょう。

階段を上り、平坦な道と見晴らしのいいエリアに出ます。少し進むと階段を上り、小達磨山を通りすぎます。

ゆるやかな下りを楽しみ、笹原が見えてきます。再び西伊豆スカイラインとぶつかり、舗装路を歩きます。右手に出てくる登山道へ戻り、笹原のなかへ。幅ひとり分ほどの狭い階段です。そこから15分ほどで達磨山山頂へ。達磨山登山は下山に富士山を堪能しながら歩くことができます。帰りは戸田峠にあるバス停か、レストハウスのバス停から修善寺へ戻ります。

１座目の金冠山山頂で、富士山と駿河湾が眺められる。沼津方面の街並みも

修善寺は内陸だが、少し足を延ばせば駿河湾の幸を楽しむことができるのが嬉しい

西伊豆スカイラインに出る

近畿

#23

愛宕山

表参道コース

火伏せの神様として「火迺要慎」のお札で有名な愛宕山。全国に約900社ある愛宕神社の総本宮が山頂にある、信仰の山です。

アクセス

交通機関　京都駅または阪急嵐山駅から京都バスで清滝行きに乗車。清滝バス停から登山口まで徒歩５分。

マイカー　名神高速の京都南ICから約40分。近隣の有料駐車場を利用。嵐山付近の駐車場は上限金額設定がないところも多い。愛宕山の麓にある有料駐車場のさくらや（青木駐車場）は、登山口の二の鳥居の橋の手前で停められる。

基本情報

標高：924m

総距離：約9km（表参道〜ツツジ尾根）

所要時間：4時間40分（休憩含まず）

標高差：約850m

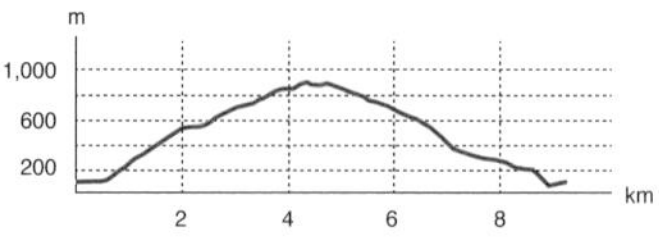

愛宕山（京都府）

橋を渡って左手の道の先にある鳥居

子どもの遠足や大人のハイキングコースとして

　火伏せの神様として関西で知られている京都の愛宕山。特に千日通夜祭（千日詣り）という夏に行われる行事では、多くの人が山頂にある愛宕神社へ参拝にくるそうです。

　スタートは清滝バス停から舗装路を歩きます。バスが出ている阪急嵐山駅は早朝はトイレが閉まっているため使えませんが、清滝バス停から少し歩いた先、登山口までの間に公衆トイレが右手に出てきます。道なりに歩いて橋を渡り、二の鳥居をくぐります。鳥居をくぐるときは少し端に寄ってお辞儀をして進むのが正しいマナー。参道沿いには民家もあるので静かに歩きましょう。舗装路から少しずつ足下が登山道らしくなります。階段を上がると水場がでてきます。さらに階段を上がって表参道を進みます。この先も足下は整備されており危険箇所はありません。

二の鳥居からすぐの水場「お助け水」。コップが置かれている

　登山道の途中に、さまざまな逸話のある史跡をみることができます。水場から1時間強歩くと、ツツジ尾根方面分岐が出てきます。保津峡駅からツツジ尾根を登るルートとの合流点なので迷うことはないでしょう。下山時、最短で駅に下りたい時はツツジ尾根を利用しましょう。1時間半ほど歩いた場所に水尾分かれの分岐が出てきます。ここも水尾登山口から登るルートとの合流地点です。

道幅が狭いところでも二人並んで歩けるほど

　水尾分かれから20分ほど歩くと、黒門が見えてきます。愛宕山はもともと白雲寺という名のお寺で、明治時代の神仏分離令によって愛宕神社となりましたが、黒門はその名残の山門です。

　黒門を過ぎ、しばらく参道を歩いて、石の階段で山頂にある愛宕神社まで上がります。

　下山はツツジ尾根を経由して保津峡駅に下りてもよし、月輪寺経由で清滝バス停または保津峡駅まで下りるなどのルートが一般的です。

愛宕山は火気厳禁。調理ができないのでお弁当を持参しよう

山頂近くになると、見晴らしがいいポイントも出てくる

#24

大山
夏山登山道コース

危険箇所がほぼなく整備された登山道で、壮大なスケールの景色が堪能できます。特別天然記念物も楽しめますよ。

アクセス

交通機関 JR米子駅から日本交通バスの観光道路経由本宮・大山線、大山寺行き（下り）で約50分。または大山る〜ぷバス（期間限定）を利用。約50分。

マイカー 米子道の米子ICを下り、県道24号を大山方面へ向かう。約12kmで到着。夏山登山道入り口すぐそばの南光河原駐車場（58台・無料※冬季有料）が満車の場合は、県営大山第1～5駐車場へ戻る。

基本情報

標高：1,729m（剣ヶ峰）/1,709m（弥山）
総距離：約7km
所要時間：登り3時間/下り2時間45分
（いずれも休憩含まず）
標高差：929m

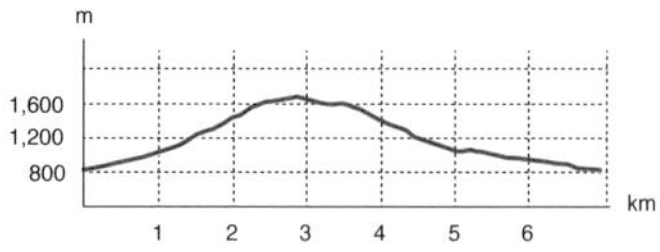

大山（鳥取県）

夏山登山道コースは階段が続く！ 6合目で壮大な景色に出会える

大山の山頂（弥山《みせん》）までは夏山登山道コースと元谷散策コースの2つ。いずれも5合目から山頂までは同じルートを歩きます。

夏山登山道入り口は車道を上り左手にあります。ここでひとつ大山登山のポイントは、南光河原駐車場に入って左側にある石置き場から石をひとりひとつ持って山頂へ行くこと。一木一石運動といって、流出してしまった石を戻すためです。

大山寺阿弥陀堂前は広場のようになっていてベンチなどがある

登山口からはゆるやかに上りが続き、大山寺阿弥陀堂に到着。その先は、ひたすら木で土止めをした階段が続きます。一本道ですが、案内板が多いので自分がどのあたりにいるかはすぐにわかるようになっています。樹林帯のため、景色はしばらく望めませんが、6合目の避難小屋に到着すれば一気に視界が開けて標高の高さを感じられます。ここからは見晴らしもよい山歩きに。ただし足下は岩や小石が増えるので、足をくじいたり、石を転がさないように注意しましょう。

整備された登山道。木の階段が多く出てくる

山頂に近くなると、高山植物の観察が楽しめる

8合目からは木道になり、特別天然記念物のダイセンキャラボク群生エリアに入ります。ダイセンキャラボクは上に伸びず根元から数本の枝が曲がり四方に伸びていく植物で、なんと樹齢600年にもなるそう。

山頂の標識付近には座ってランチを食べられる場所があり、ゆっくりと過ごせます。

下山は6合目と5合目の間にある分岐から大山寺方面、元谷散策コースを通ります。元谷とは、大山から崩落してきた岩や砂が集まった場所で、広大な川原状になっています。岩が多く、下山の疲労で足をくじきやすくなるタイミングなので注意して歩きましょう。

元谷を過ぎると、多様な種類の木々のなかを歩いて大山寺へ。道なりに進むと、石畳のある参道に入ります。その先は甘味処や軽食が食べられるお店のあるエリアで、バス停もすぐそばです。

秋に赤い実をつけるダイセンキャラボク。9合目から大群落が見られる

砂利でできた川原のような元谷。避難小屋もある

大山参道市場では、地域の特産品を販売。お土産を買ったり、甘い物や軽食を食べることができる

#25

剣山

大剣道コース

リフトで一気に標高を上げたところからハイキングができる剣山。隣の山の次郎笈《じろうぎゅう》への稜線が美しい。日本百名山のひとつ。

アクセス

交通機関 JR穴吹駅、阿波池田駅、貞光駅から季節運行の登山バスでアクセス。運行期間・時間はルートにより異なる。見ノ越停留所は見ノ越第1駐車場に到着する。

マイカー 見ノ越第1駐車場へ。国道192号（つるぎ町貞光）からは、国道438号を南下し、約90分。または国道32号（大歩危）から、県道45号・32号、国道439号を東へ進み、約95分。

基本情報

標高：1,955m
総距離：約6km
所要時間：3時間半（見ノ越-山頂の往復・休憩含まず）
標高差：205m（西島駅-山頂）/535m（見ノ越-山頂）

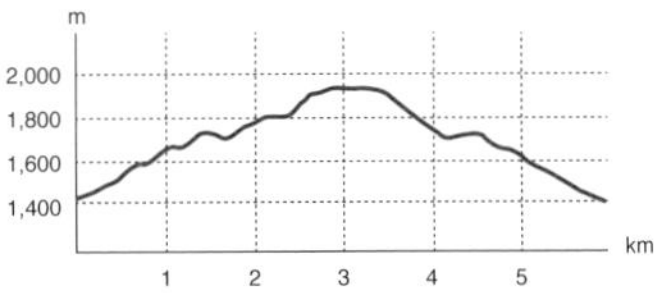

剣山（徳島県）

昭和レトロの雰囲気を残し、太古の伝説をもつ霊山

剣山は山頂までトイレがないので、まずは出発点となる見ノ越のトイレを利用しておきましょう。また、紅葉シーズンなどになると見ノ越駐車場はすぐに満車になるため、マイカーの方は早めに到着するのがおすすめ。バスを利用する方は、帰りのバスが混むため、時刻を確認し、早めに下山してバス待ちの時間を確保しておくのがよいでしょう。

見ノ越から歩いて50分ほどでリフトの西島駅に到着します（リフトを使用すると約15分で西島駅に到着）。

レトロな雰囲気のリフト乗り場。利用する場合は２階に上がる

「つるぎ山」とかわいい書体で書かれた鳥居をくぐり登山道へ。歩いて15分もすると、大劔神社へ到着します。大劔神社は縁切り、良縁を願うことができる神社。神社の後ろにそびえる大きな岩、御《お》塔《とう》石《せき》が御神体です。

そこから30分程度で剣山本宮へ到着。登山道は全体的にひとり分程度の道幅でやや狭いですが、足下は整備されていて歩きやすいです。山頂までは危険箇所はありません。

昭和風のポップな書体がかわいい鳥居。全体的に昭和の観光地らしい

剣山本宮の境内は少し狭く、参拝客でいっぱいになります。境内から上がったところが剣山山頂で、周辺を一望することができます。

また、隣の山、次郎笈に伸びる尾根が美しいです。下山は行きとは別のルートで刀掛の松まで下ります。刀掛の松は平安末期に起こった源平合戦、壇ノ浦の戦いで入水したとされる安徳天皇の伝説で、三種の神器のうちのひとつ天叢雲剣を剣山に納め、道中で休憩をしたと言われている場所です。あとは、そのまま道なりに下りて、リフトの西島駅に到着します。

天地一切の悪縁を断ち、現世最高の良縁を結ぶと書かれている

登山道は基本的に狭い。待つ時は登り優先、山側へ身を寄せて待とう

剣山のまわりの山々を縦走するのも楽しそうだ

山頂の山小屋では半田そうめんが食べられる

#26

石鎚山

成就ルート

成就ルートの道は整備されていますが、4つの厳しい鎖場と岩場を越え山頂へ。経験を積んだら挑戦してみましょう。

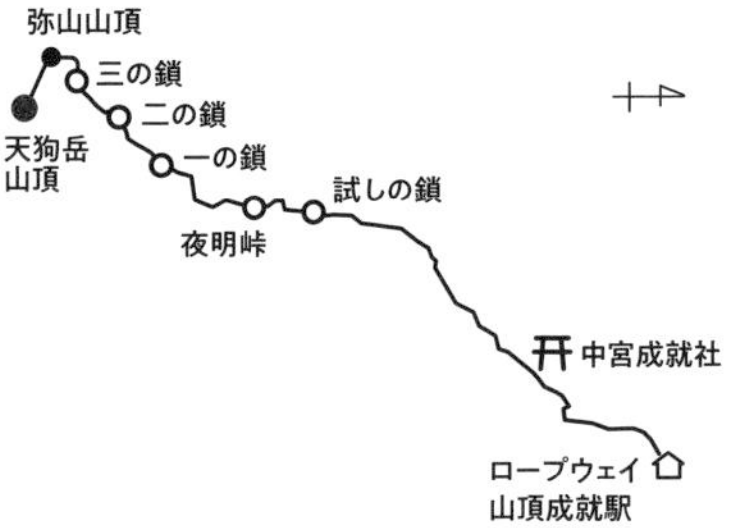

アクセス

交通機関 JR伊予西条駅からタクシーで相乗りまたはせとうちバス西之川行きに乗車、約1時間、ロープウェイ前で下車。

マイカー 松山自動車道のいよ西条ICを下り、約40分。または高知自動車道の伊野ICを下り、約2時間。

※成就社登山口のほかに、土小屋登山口もあり。JR松山駅からバスを利用し、石鎚土小屋バス停下車、マイカーの場合は駐車場を利用。

基本情報

標高：1,974 m（弥山）/1,982m（天狗岳）

総距離：約8.7km

所要時間：5時間半（休憩含まず）

標高差：697m

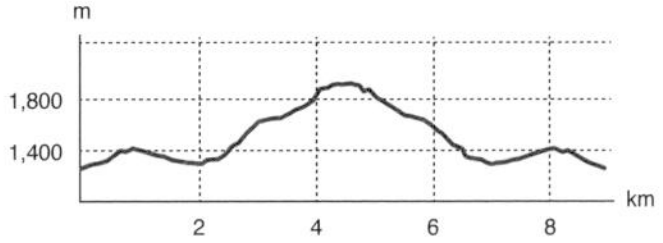

石鎚山（愛媛県）

修験の山・石鎚山へ登拝する
表参道から山頂を目指すルート

ロープウェイ、リフトもある石鎚山。リフトを使うと、標高差をさらに少なくすることも可能です。

ロープウェイを使って山麓下谷駅から山頂成就駅まで上がります。その場合は成就社登山口からのスタートになります。

山頂成就駅に到着したら、道なりに歩くと石鎚神社中宮成就社の境内に入ります。境内には登山ポスト、トイレあり。しばらく進むと現れる神門が登山口です。

登山口となる神門

そこからはなだらかに下りつつ、ところどころ平坦な道が続きます。その後は木の階段が繰り返し現れて登り返しが始まります。

登山口からはゆるやかな下り。のちに出てくる登り返しの階段

鎖場は登ると戻りにくいため
無理をせず巻道を利用する

石鎚山では、きつい上りを太く大きな輪でできた鎖を使って登る鎖場が4ヶ所あります。それらを実際に登れるかどうか、際立って高所になっている場所で試すことができます。まずは「試しの鎖」という場所でチャレンジ。試しの鎖（長さ74ｍ）は、下りる時に非常に高度感があるため、不安な人は試しの鎖は試さず鎖場の脇にある巻道を通り、一の鎖（33ｍ）で試すのがいいでしょう。鎖場は一度登ると、次に続く人によって下りることは困難です。自信がない人は、巻道を使って回避しましょう。

途中で立ち往生してしまう人もいるので、不安な人は巻道を使おう

二の鎖の手前には、石鎚山公衆トイレ休憩所があります。

最後の三の鎖のあとに、弥山《みせん》の山頂に到着です。西日本最高峰は、そこから見える天狗岳。天狗岳山頂までは距離は近いものの通れる幅が狭いため混雑し、滑落の危険箇所が多いので、十分注意が必要です。

西日本最高峰の天狗岳。頂上は絶景！

鎖場が多く荷物を減らしていきたい石鎚山。調理せず、山頂にある山小屋で食べるのもおすすめ

#27

開聞岳

往復コース

薩摩半島の先に位置する開聞岳は、実は活火山。周囲に山がなく、南薩のほとんどの地域からその円錐形の姿を見られます。

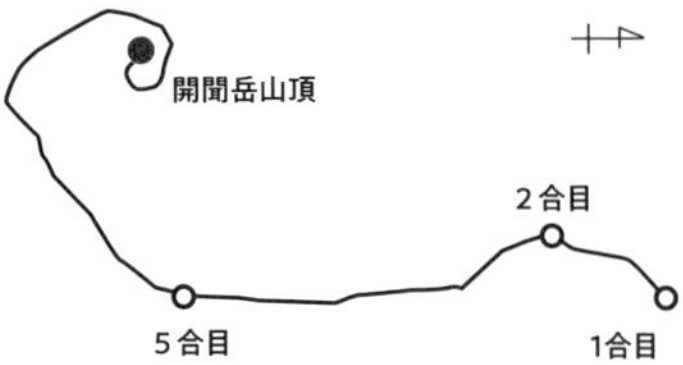

アクセス

交通機関 JR指宿枕崎線山川駅を下車し、鹿児島交通バス開聞駅行きで約30分、またはJR指宿枕崎線開聞駅下車（こちらは本数が少ない）。徒歩にて指宿市役所開聞庁舎前交差点を右折、約20分。

マイカー 鹿児島市より約1時間30分。駐車場120台。ナビで設定する場合は「かいもん山麓ふれあい公園」（鹿児島県指宿市開聞十町2626）に。

基本情報

標高：924m
総距離：約7.7km
所要時間：登り3時間／下り2時間半
（いずれも休憩含まず）
標高差：887m

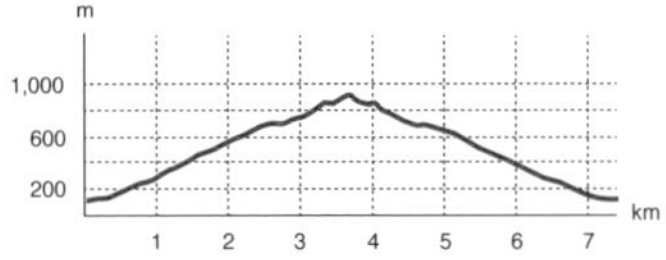

開聞岳（鹿児島県）

片道3・8㎞の道のりを麓から3時間ほどかけて登り上げる

　開聞岳の登山ルートは登りと下り合わせてひとつしかなく、少々歩きにくい箇所があるものの標識もありルートがはっきりしているため初心者でも登りやすい山です。登山口はかいもん山麓ふれあい公園の敷地内にあり、歩き始めは公園内を歩きます。登山道や山頂にはトイレがないため、公園内の管理棟にあるトイレで済ませておきましょう。

　2合目からは本格的な登山道。登り始めから1時間強で5合目に到着します。5合目までは足下に火山礫がゴロゴロしているので注意が必要です。

登山口はかいもん山麓ふれあい公園の中にある。公園にはキャンプ場（要予約）やアスレチックも併設

　登山道の途中にはベンチがあるので、休憩をはさんで水分補給をしながら進みましょう。6合目を過ぎると徐々に展望が開けてきます。木々の間からは東シナ海の波打ち際を間近に見られ、まるで山が海に浮かんでいるかのよう。ここから少し急坂になるので展望を眺めたり写真を撮って一呼吸おきながらゆっくり登りましょう。

　7合目のあたりで登山道には比較的大きな岩が増えてきます。無理をせず、必要があれば手も使いながらゆっくりと通過しましょう。岩の多い道を少し進むと仙人洞が出てきます。ここはかつての修験者が修行のベースキャンプとした場所。覗き込んで岩の隙間に落ちることのないようにロープの先には入らないよう注意しましょう。

かつて修験者がこの岩陰で寝泊まりし修行を重ねたという仙人洞

海岸線が間近に広がり打ち寄せる波まではっきり見ることができる

　8合目が近づくといよいよ展望が開けます。山を歩きながらも海を堪能できる、この山ならではの眺望。楽しみながら進めるはずです。

　山頂直下、9合目のあたりは急坂注意。はしごやロープも出てくるため譲り合っていねいに通過しましょう。ここを抜ければいよいよ山頂が近づきます。

　山頂直前には鳥居と小さな祠があり信仰の山だと知ることができます。山頂は360度の大パノラマ。大きな岩が連なっているため足場のいい場所を選んでゆっくり休みましょう。いつものおにぎりもおいしく感じられそうです。

　下山は同じルートを下ります。山頂からしばらくは海を眺めながら歩くことができます。下山時まで開聞岳らしい海と山を満喫できるでしょう。

山頂からは霧島、桜島、池田湖、屋久島と、鹿児島の観光名所を一度に味わえる

山歩きを楽しむコツ

登山ガイド
渡辺 佐智

COLUMN

長く楽しく 登山を続けるためのヒント5つ

登山を始めた皆さん、こんにちは。登山ガイドの渡辺佐智と申します。

登山は長く続けることで、面白みがより深くなっていきます。そこで、飽きずに登山を続けるコツをお伝えします。皆さんが事故なく登山を続ける手助けになると嬉しいです。

自分の「好き」をとことん掘り下げてみよう

最初のきっかけはいろいろあっても、徐々に登山に慣れてきたら、どんな山でどんな登山をするのが好きなのか考えてみる。撮った写真やメモを見返すと、ヒントがあるかも。人気やランキング、人の価値観にはあくまで惑わされずに。

先輩の登山への考え方を聞こう

登山は体力や技術だけでなく、考え方も大事。最近は山岳会に入る人が減り、適切に教えてもらえる機会は少ない。できれば、ガイド等信頼できる有資格者から教わろう。ガイドはいろいろなタイプがいて、気の合うガイドとの出会いは一期一会。仲間3〜4人で頼めばガイド料の負担も旅行会社のツアーと同程度の場合が多い。メンバーに合わせたプランニングは快適な登山につながる。

言い合える山友達を持とう

最初は連れていってもらう立場だが、徐々に、自分たちで考え進んでいく登山の機会もつくると、視点が変わり学びがある。自分と同程度の力量があり、意見が割れても最後まで話し合える仲間との登山はその後の自分の糧に。その上でまた連れていってもらう立場になると、自分の視野が広がっているのに気づける。

他の登山者の記録に振り回されない

人の登山を羨ましく感じた時には、一歩下がって「誰かと競うために登山をするのではない」と客観的になろう。力量に見合わない登山ほど格好悪いことはないし、何より危ない。楽しむための趣味なのだから、人と自分を比べないように。また自分の記録を人に押しつけないようにする。

誰かを登山に連れていく場合には、自分に余裕のある山へ

友達を連れていく立場になったら、自分が余裕で（鼻歌を口ずさみながら）登れる山を選ぼう。自分が行きたい山というだけでなく、相手の力量に合わせた山を選ぶことが大切。特に雪山は、加わる装備も含めて面倒を見ることができるか考えてから誘おう。

始めたばかりの頃はいろいろなことを吸収して楽しく、飽きることなんてあるのかしら、と思うかもしれませんが、この先、生活スタイルの変化や、小さな嫌な事でも繰り返すと、山から足が遠のいてしまうこともあるでしょう。そんな時に自分の背中を押して山へ向けてくれるのは、やっぱり自分の気持ちです。

２０２０年から２０２１年の今にかけて、私には山があってよかったなあ、と何度も感じ、実際に山へ行くことによって気持ちが晴れやかになりました。鮎美ちゃんのように山を好きな気持ちを大事に育てて、長く山と付き合ってみてください。皆さんの山の楽しみの後押しをできればと願っています。

PROFILE **わたなべ・さち** ▶yamanosachi.jp

春から秋は登山ガイド、冬から春はバックカントリーガイドとして、四季を通して日本の山で活動。シンプルで大きな自然の美しさと恐さを信じ、仲間やお客様と共に豊かな登山経験を創造したいと日々を重ねている。
資格：日本山岳ガイド協会認定登山ガイド2、スキーガイド1

幕営完了
はあ
RIPON

CHAPTER2

道具・装備編

ここでは、登山に必要な道具やウェア、
装備について解説します。
登りたい山や季節によって適した物が変わるので、
基本をおさえて何が必要か
選べるようになるのが目標です。

#01

山登りに適した服装とは？

なぜ登山用のウェアが必要なのでしょうか？自然の影響を受けやすい山では、ウェアによって命を救われることもあるんです。

ん？
晴多の靴 街履き用のペラペラのスニーカーじゃないか
なぁ晴多 道具って何のためにあるか知ってるか？
何のためにあるんですか？
道具とは正しく使われるためにあるんだ！

10巻「ニンニクと鶏レバーのスモーブロー」より

見た目から入る登山男子・鷹桑が甥っ子に、登山道具について熱弁を振るうシーン。登山に適したものがあるのは靴も同じ。

着ればわかる登山用ウェアの快適さ！

登山ウェアは動きやすい、乾きやすい、体温調整しやすい、軽いなど、登山に適した機能が詰め込まれています。また、同じウェアを着て何日も歩き続けることもあるため、防臭といった機能も。

山登りを始めたばかりだと、まだ登山ウェアがそろっていないという人や、家にある服で代用している人もいるかもしれません。他のウェアで代用する場合でも、化学繊維などの速乾素材を選ぶことはマストです。登山ウェアを購入するときは、体に合わないと、不快だったり雨が入ってきたりするため、試着をしましょう。

登山ウェアのポイント

1 動きやすい

雨の中
ハシゴや
鎖場などを
超えてゆく
単独登山女子
日々野鮎美《ひびのあゆみ》
(27歳 会社員
小学生の時の夢は
「お花屋さん」です)

2巻「ゆるゆるのステーキ」より

山登りでは、足を高く上げたり、岩場をよじ登ったりすることも。また歩き続けるうちに、縫い目が当たって痛いなどちょっとしたことが気になるもの。その点、伸縮性がある、立体裁断で足上げがしやすいなど、山ウェアは動きやすく作られている。

2 乾きやすい

登山中は汗や雨でウェアが濡れることも多いが、荷物の軽量化のためには替えを多めに持ち歩くこともできない。ウェアが濡れると体が冷えやすく、それに風が追い打ちをかけると、命にかかわる事態になることも。山ウェアは、吸汗速乾性のある化学繊維や、濡れても保温力が落ちないウールなどの素材をメインに使って作られている。

……

1巻「下山後のご褒美」より

3 体温調整しやすい

山は寒いと言っても、分厚いダウンジャケットは行動中には不向き。登り始めた途端に暑くなり、汗をかいてウェアが濡れると、今度は冷えにつながる。また、標高や天候によっても体感温度は大きく変わる。温度調整しやすいよう薄手のウェアの重ね着を。

さすが九州
四月でも
暑いっ！

10巻「とり天うどんともつ鍋」より

4 軽い

総重量15kg
軽い軽い！
(元気なうちは)

3巻「神降りる地のおやき」より

登山では、装備をいかに軽量コンパクトにするかは大事なポイント。ウェアも例外ではない。持ち歩くときに荷物が軽くなるのはもちろん、着ていても軽いほうが心地よく、楽に歩き続けることができる。いかに軽く機能的な山ウェアを開発するかで、各社しのぎを削っており、その快適さは着てみればすぐにわかるはず。

#02

レイヤリングを理解しよう

登山ウェアの着方の基本は、レイヤリング＝重ね着。それぞれのウェアの特徴や役割を知って、うまく組み合わせましょう！

気持ちE〜！
単独登山女子
日々野鮎美《ひびのあゆみ》
(27歳 会社員 今年こそ明石家《あかしや》サンタにハガキを出してみようかな…)
そーーっ
幸い風がゆるい
寒さに耐えつつここで昼ご飯だ
完全防寒
シェルの下にダウン
ダウンパンツ
しかしお米が炊きあがるのを待ってられるほど長居はできない
さむい

秋のとある山に出かけた鮎美ちゃん。寒くなりがちなごはんの間は、シェルの下に中間着のダウンを着込んで防寒している。

5巻「玉子の殿さま」より

薄手のウェアを何種類も重ねて着よう

山登りでは、気候や状況に合わせて細かい体温調整が必要です。こまめに着脱して調整するために、何枚ものウェアを重ね着することをレイヤリングといいます。登山ウェアは役割によってベースレイヤー、ミドルレイヤー、アウターレイヤーに大別されます。例えばソフトシェルはミドルレイヤーにもアウターレイヤーにもなるなど、どのウェアがどのレイヤーと決まっているわけではなく、あくまでも考え方です。ウェアにはそれぞれ機能や特徴があり、それを組み合わせることで常に最適な服装になるように準備しましょう。

レイヤリングの基本

ベースレイヤー（下着・肌着）

肌に直接触れる下着が、ベースレイヤー。つい上着や中間着にこだわりがちだが、実は登山中の快適さや温度調整に大きく影響するのがこれ。必ず吸汗速乾性のある化学繊維かウールを選ぼう。パンツやブラジャーも意外と重要。

下着と言っても、1枚で着られるTシャツなども含まれる。
▶アイスブレーカー

パンツやブラジャーなどのインナーも、忘れず化学繊維かウールのものを選択。
▶ファイントラック

秋冬には防寒用タイツ、春夏にはサポートタイツをはくこともある。
▶アイスブレーカー

ミドルレイヤー（中間着）

肌着と上着の間に着て、主に保温の役割を果たす中間着が、ミドルレイヤー。大きく分けると、行動中に適している汗抜け優先のものと、休憩中に適している保温優先のものがある。山行に合わせてうまく組み合わせて。

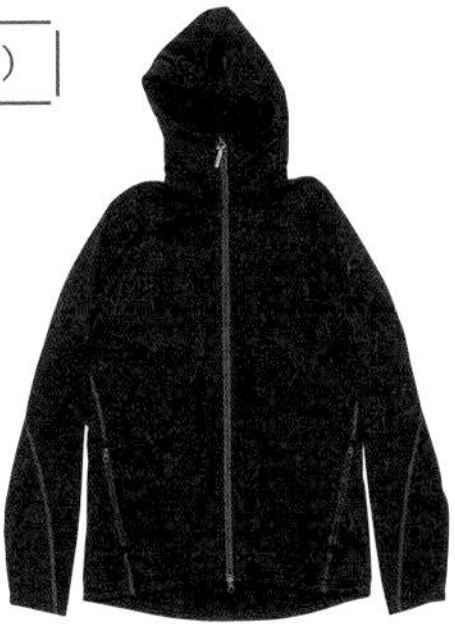

登山で着るフリースは主に、軽くて薄手のもの。透湿性があるので行動着にも。
▶フーディニ

軽くて薄手のダウン、または化学繊維の中綿ジャケットは、主に保温着として。
▶ザ・ノース・フェイス

近年は、秋冬の行動着としてアクティブインサレーションが人気。▶カリマー

アウターレイヤー（上着）

防水／撥水性、防風性、耐久性に優れ、いちばん外に着る上着がアウターレイヤー。外界から身を守る殻という意味で「シェル」と呼ぶこともある。最もよく使うのは完全防水のレインジャケット＆パンツ。他にウィンドシェルなども。

レインジャケットは雨のときだけでなく、行動中にベースレイヤーの上に着ることも多い。
▶ザ・ノース・フェイス

レインパンツは雨に備えて常にバックパックの中に。防寒着にもなる。
▶ザ・ノース・フェイス

暑い時期に日光や風、虫などから体を守るには薄手のウィンドシェルが便利。
▶マウンテンハードウェア

#03

山スタイルの基本①　夏編

夏の山と言っても、エリアや標高、時間帯などによって気温に幅があり、服装もまったく変わってきます。行く先に合わせて準備を！

＼関東周辺10〜25℃ 日帰りを想定／

夏の里山（1,000 〜 2,000m）

ウィンドシェル／長袖シャツ
腕の保護や体形カバーのために、半袖Tシャツの上に軽くはおるのもおすすめ。▶マウンテンハードウェア

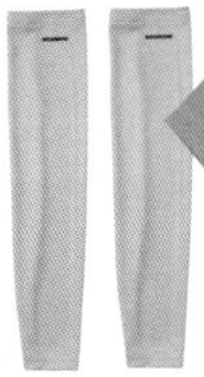

Tシャツ
行動中は暑くなるので、薄手の半袖か長袖Tシャツ1枚で歩くのが基本。
▶アイスブレーカー

アームカバー
半袖で行動する場合は日差しや虫から腕を守ってくれる。冷感素材や疲労軽減効果のあるものも。
▶フォックスファイヤー

ショートパンツ
高山以外であれば、夏はショートパンツが涼しく軽やかで動きやすい。▶ホグロフス

夏用タイツ
短パンをはくなら足の保護に夏用タイツを。体の負担や疲労を軽減するサポートタイツも◎。▶モンベル

＋ バックパックの中に
レインウェア上下
薄手ダウン or フリースジャケット

1巻「欲張りウィンナー麺」より

寒さ対策をして標高が高めの山へGO！

　山は標高やエリア、時間帯によって気温に幅があり、夏でも行く山の気温をチェックして服装を決めましょう。関東以南の1000m以下の低山では、熱中症のリスクが高くなります。防寒着もしっかり準備したうえで、1000m以上の山を目指しましょう。行動中いくら暑くても、日焼けやすり傷を防ぐために、半袖短パンなどの肌の露出は避けて。一方、標高3000mを超える高山になると、朝晩は氷点下まで冷え込むことも。特に泊まりの場合は、日中と朝晩の気温差に対応できるよう準備していきましょう。

＼ 関東周辺5～20℃ 1泊を想定 ／

夏の高山（3,000m 前後）

レインジャケット
歩き始めや風の強い稜線などでは、Tシャツにレインジャケットをはおるとちょうどいい。
▶モンベル

薄手フリースジャケット
休憩中や、下山時など行動中に少し寒くなったときは、薄手のフリースをオン。
▶フーディニ

長袖Tシャツ
行動中は長袖Tシャツなどベースレイヤー1枚になるシーンが多い。
▶パタゴニア

夏用ロングパンツ
高山では薄手の夏用ロングパンツを。短パンにもなるコンバーチブルパンツという選択肢も。
▶ザ・ノース・フェイス

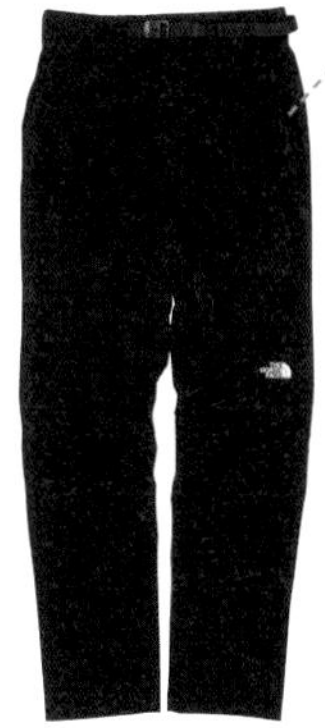

夏用タイツ
3,000m峰になると、朝晩はロングパンツ1枚では寒いことも。状況に合わせてタイツを用意。
▶ゴールドウイン

バックパックの中に
レインパンツ
薄手ダウンジャケット

6巻「ご褒美の昆布〆フルコース」より

CHECK
山歩きが快適になる小物

グローブ
夏でもグローブ着用がおすすめ。木や岩をつかむときや転んだときに手を保護し、日焼け防止にもなる。▶ミレー

サングラス
標高が1,000m上がると紫外線量は約10%増加すると言われる。夏の高山では、サングラスは必需品。
▶スワンズ

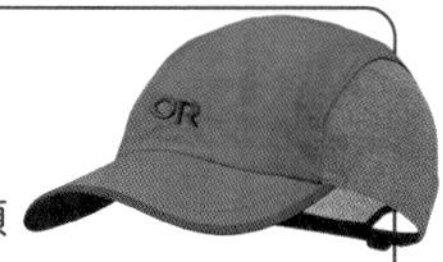

帽子類
行動中は日差しを防ぐツバの広いハットや、キャップをかぶろう。2,000m以上で泊まる場合はニット帽も用意を。
▶アウトドアリサーチ

#04

山スタイルの基本②
春・秋編

新緑が芽吹く春、紅葉が楽しめる秋は、登山の楽しいシーズン。ただし、思った以上に冷え込むこともあるので、防寒もしっかり!

＼関東周辺 10〜20℃ 日帰りを想定／

春・秋の低山（1,500m 以下）

ウィンドシェル
腕の保護や体形カバーのために、半袖Tシャツの上に軽くはおるのもおすすめ。
▶マウンテンハードウェア

Tシャツ
春・秋でも、特に登りでは暑くなるので、薄手の半袖か長袖のTシャツをベースレイヤーとして。
▶アイスブレーカー

3シーズン用ロングパンツ
夏用の薄手パンツにタイツでもOK。また、標高の低い山ならショートパンツ&タイツもあり。
▶コロンビア

8巻「菜の花ラーメン」より

夏用タイツ
短パンをはくなら足の保護に夏用タイツを。体の負担や疲労を軽減するサポートタイツも◎。▶モンベル

＋ バックパックの中に
レインウェア上下
薄手ダウン or フリースジャケット

山の春や秋は想像以上に冷え込むことも

春と秋は、街と山の季節感の差を最も感じる時期でもあります。3000m前後の山々が続く日本アルプスは、春は5月ごろまでは完全に雪山で、秋は10月ごろから雪が降り始める可能性があります。また、1日の寒暖差が激しいので、高山を目指す場合は天候をよく確認するとともに、防寒着をしっかり用意しましょう。特に秋の高山は、初心者向けとは言えず、春・秋の低山なら、天候に恵まれれば、寒すぎず暑すぎず快適な登山を楽しめます。細かい体温調整にはネックウォーマーなどの小物もうまく活用しましょう。

＼関東周辺 0〜15℃ 1泊を想定／

春・秋の高山（1,500m 以上）

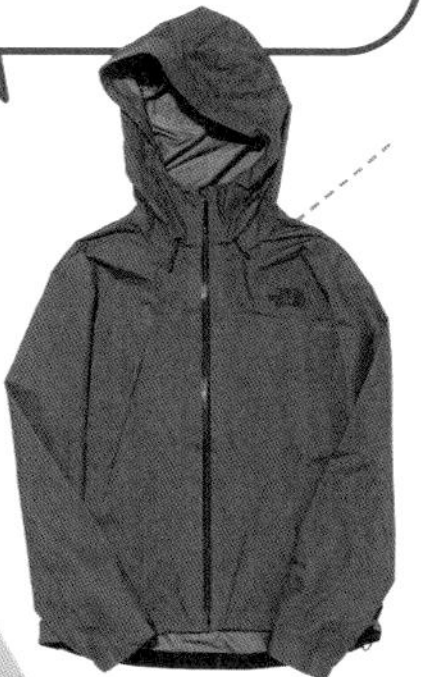

レインジャケット

歩き始めや風の強い稜線などでは、Tシャツにレインジャケットをはおるとちょうどいい。
▶ザ・ノース・フェイス

アクティブインサレーション

通気性があり濡れに強い、行動中に着る保温着。この季節は薄手の通気性がいいものを。▶ザ・ノース・フェイス

長袖ベースレイヤー

暑くなったり冷えたりを繰り返しやすいので調温調湿効果のあるメリノウールなどがおすすめ。
▶アイスブレーカー

3シーズン用タイツ

ロングパンツだけでは寒そうな場合は、3シーズン用タイツをベースレイヤーに。
▶モンベル

3シーズン用ロングパンツ

夏用より少し厚手の3シーズン用がおすすめ。保温性はタイツとの組み合わせで考えよう。
▶コロンビア

バックパックの中に
レインパンツ
薄手ダウンジャケット

CHECK

秋は低温・天気の急変・日没に注意

春と秋は似たような気候という印象を持つが、登山でより注意が必要なのは秋。日が短くなって朝晩の冷え込みが強まるとともに、突然の暴風雪など天気が急変しやすくなる。防寒着は多めに用意をしておこう。体幹だけを温めるダウンベストなども役立つ。▶モンベル

11巻「巻物と履物」より

#05

山スタイルの基本③ 冬編

冬山の難しさは、体を冷やさず、さらに極力汗をかかないよう、体温調整すること。こまめに着脱して汗冷えしないようにしましょう。

＼関東周辺 -5～10℃ 日帰りを想定／

冬の低山（1,000m 以下）

薄手のフリースジャケット
行動中に肌寒さを感じたときや、休憩中にはおって、防寒着として。
▶ティートンブロス

レインジャケット
山頂ではベースレイヤーとフリースの上にはおって防寒着に。風が強いときにも活躍。
▶モンベル

長袖ベースレイヤー
中厚手のベースレイヤーを選ぼう。調温調湿効果のあるメリノウールがおすすめ。▶アイスブレーカー

3シーズン用ロングパンツ
積雪のない冬の低山なら、冬用ではなく3シーズン用のロングパンツで十分。▶マウンテンハードウェア

3シーズン用タイツ
ロングパンツだけでは寒そうな場合は、3シーズン用タイツをベースレイヤーに。
▶モンベル

2巻「もみじの天ぷら」より

＋ バックパックの中に
レインパンツ
中厚手ダウンジャケット

寒さ対策をしつつも汗をかかない服装を

冬の低山では、登り始めは寒く感じても、歩けばポカポカと温かくなるので、汗冷えに注意。速乾性・保温性のあるベースレイヤーを着るとともに、こまめに着脱して体温調整し、極力汗をかかないように心がけましょう。また、山頂は氷点下になることも多いので、中厚手のダウンジャケットをバックパックにしのばせておいて。グローブやニット帽、ネックウォーマーといった小物も必須です。雪山登山はまだ早いと思う人も、スノーシューハイキングなら、登山ウェアにスキーの装備などを組み合わせれば気軽に楽しめます。

#05 山スタイルの基本③ 冬編

＼関東周辺 -10〜0℃ 日帰りを想定／

スノーシューハイキング

アクティブインサレーション

ベースレイヤーの上に着て、行動中に暑くなりすぎない限りは着っ放しに。

▶ザ・ノース・フェイス

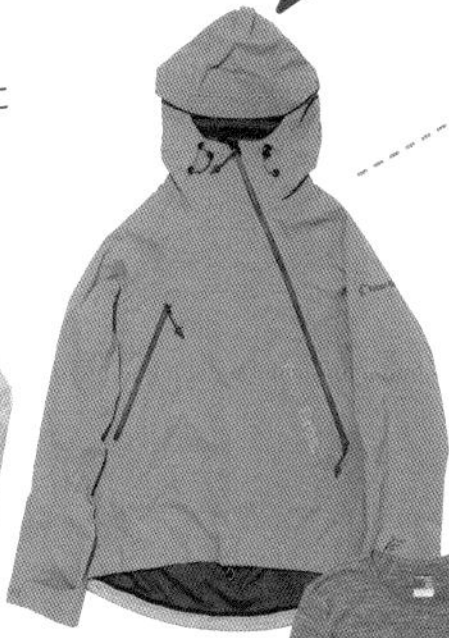

ハードシェルジャケット

夏山用のレインジャケットでもいいが、厚手で丈夫なハードシェルがベター。▶ティートンブロス

長袖ベースレイヤー

メリノウールか化学繊維の、中厚手のベースレイヤーを選ぼう。

▶アイスブレーカー

冬用タイツ

保温性のあるタイツ。タイツの保温性が低い場合はトレッキングパンツを重ねてもOK。

▶アイスブレーカー

8巻「雪荒ぶスープカレー」より

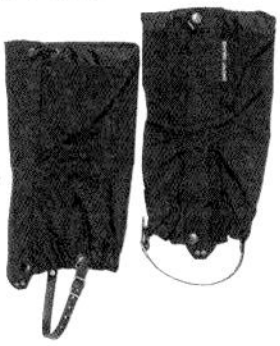

ゲイター

雪が入るのを防ぎ、スノーシューなどでパンツの裾を破かないため。冬用シェルパンツの場合は不要。

▶イスカ

レインパンツ

ジャケット同様、ハードシェルパンツがベターだが、夏山用レインパンツでもOK。

▶ザ・ノース・フェイス

バックパックの中に

中厚手ダウンジャケット

CHECK

山歩きが快適になる小物

ネックウォーマー

首元が暖かくなるだけでなく、行動中の細かい体温調整にも役立つ。▶カリマー

冬用グローブ

低山であれば中厚手のグローブを。スノーシューハイキング時には防水グローブか、スキー手袋を用意。

▶ブラックダイヤモンド

サングラス／ゴーグル

紫外線の照り返しで雪目になる危険があるため、スノーシューハイキング時には必須。

▶スワンズ

ニット帽

冬は防寒に必須。スノーシューハイキング時には耳全体がすっぽり隠れる、厚めのニット帽を。

▶カリマー

#06

基本装備① バックパック編

大好きなベンチ♡
とりあえずこの上にザックを置こう
ヨッ
…とっ
とっ……

体力作りに、テント泊装備を背負って低山を登る鮎美ちゃん。バックパックが重くなると、背負い方や置き方にもコツがある。

3巻「焼きおにぎりA-CHI-CHI!」より

登山を始めるなら、まず購入を検討したいのがバックパックとシューズ。バックパックは背負いやすく疲れにくいのがポイントです。

体に合うものを使えば疲れ方が全然違う

デザイン重視で作られるタウン用のリュックに比べて、登山用のバックパックは背負って長く歩き続けられるように作られており、まず購入を検討したい大切な装備の一つです。体に合っていれば、中身の重さは同じでも軽く感じて疲れにくくなるので、バッグ自体の重さだけで選ばず、登山用品店で相談し、実際にフィッティングして決めましょう。

また、バックパックの濡れを防ぐレインカバーも用意を。ただし、カバーでは中の濡れは防げないので、防水スタッフバッグと併用しましょう。

バックパック選びのポイント

✓容量
日帰りか泊まりか、山小屋泊かテント泊かなど、山行によって必要な容量が違う。最初は20 ～ 30Lのものを。

✓背面
背面がメッシュの蒸れにくいものや、超軽量で背面にフレームのないものも。まずは背負い心地で選ぼう。

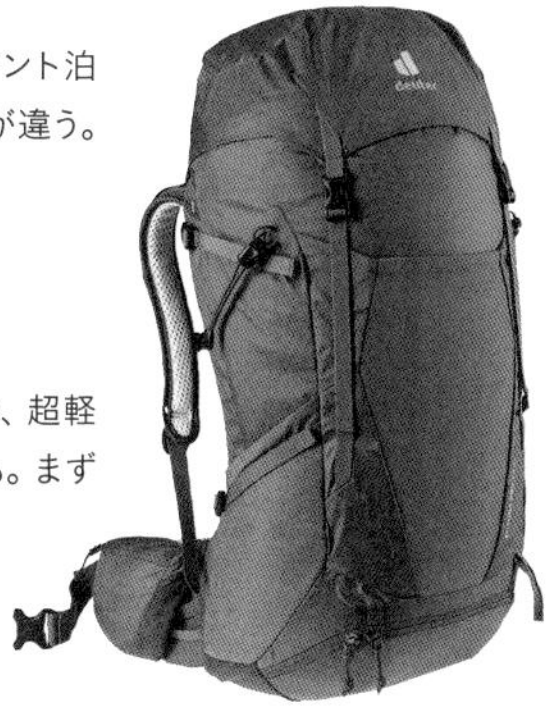

✓収納
最初は雨蓋と、サイド、フロント、ウエストベルトにポケットのある基本形に慣れておくのがおすすめ。

✓サイズ
サイズによって背面長（背中の長さ）が変わるので、試着してみて。女性は女性用を選ぶとフィットしやすい。

✓ベルトの有無や形状
登山用ならウエストベルトと、できればチェストベルトのあるものを。背負ってみてベルトが体に合うかも重要。

バックパックの種類

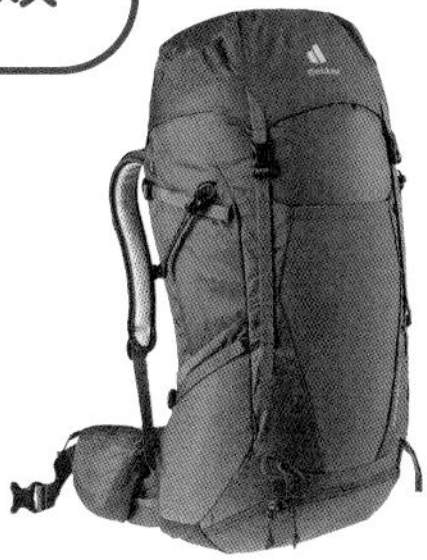

テント泊用
テント泊装備の内容によって、50 ～ 65Lほどの容量が必要。重くなるので背負い心地も重要！
▶グレゴリー

日帰り用（20～25L）
日帰り登山やハイキングで使うなら、これぐらいのサイズで十分。1つ持っておくと使えます。▶コロンビア

山小屋泊用（30～40L）
パッキングがうまくなれば山小屋3 ～ 4泊の縦走登山でも対応できる。日帰りでごはんを充実させたいときにも便利。▶ドイター

ウルトラライト系
必要最低限の装備を背負うULスタイルに適したタイプ。軽量ながら高い拡張性を持つものもある。▶山と道

トレラン用
日帰りで軽快に歩いたり走ったりしたい人には、体にフィットするトレラン用という選択肢も。
▶サロモン

#07

基本装備②シューズ編

登山に適したシューズを選べば、疲れにくく安全に山歩きができます。自分の登山スタイルや足に合ったものを、試着して選びましょう。

その頃雑誌やテレビで見かけるようになった『山ガール』に格好ばかり憧れていた私
『山ガールっぽいかどうか』…服装や見た目のことばかり気にしていた気がする
登山経験のない私たち学生4人は初心者向けの富士山登山ツアーに参加
参加者は老若男女40名ほどで…
早朝に新宿《しんじゅく》駅から貸切バスに乗り富士吉田《ふじよしだ》口へ
色が可愛いという理由だけでネットで買った登山靴
歩いてみたら足に合ってなくてずっと痛かった…

9巻「成長のご来光スープ」より

まだ登山を始める前、大学の卒業旅行で富士山に登った鮎美ちゃん。靴をネットで買った結果、足に合わず痛い思いをしたのだった。

シューズは登山成功のカギを握る装備

山行中に地面とずっと接触し続けるシューズは、もっとも重要な装備の一つ。登山靴は滑りにくい、防水性・透湿性がある、素材が丈夫など、登山に適した作りになっています。登山用シューズを選ぶうえでもっとも大切なのは、自分の足と登山スタイルに合っていること。登山用品店で今後どんな山登りをしたいのか伝えて相談を。必ず試着して、登山道に見立てたスロープを登り下りしたり、何足か履き比べたりしてみましょう。また、買っていきなり長距離を歩かず、まずは短い山行で試しつつ履き慣らすことも大切です。

シューズ選びのポイント

✓アッパーの素材

革は丈夫だが手入れが大変。化学繊維は軽いが耐久性が劣る。最近は革と化学繊維の組み合わせが多い。

✓ソール

本格的なものほどソールが硬くなる。ソールが柔らかいと履きやすいが、登山道では足下が安定しない。

✓高さ

高いほど足首がしっかりサポートされ、砂利などが入りにくくなる。最初はミドルカットがおすすめ。

✓重さ

軽いと疲れにくく感じるかもしれないが、その分他の要素を犠牲にしているはず。バランスで選ぼう。

✓フィット感・足形

人によって足形が違うため、評判のよい靴が誰にでも合うわけではない。試着して足に合っているか確認を。

登山用シューズの種類

ハイカット

2泊以上の縦走や、テント泊など荷物が重いとき向き。ソールも硬くしっかりしたタイプが多い。▶シリオ

CHECK

靴下との相性も大事

シューズを試着するときは、登山用靴下でサイズ感を合わせよう。試着用が用意されていることもあるが、自分のものを持っていくのがおすすめ。

ミドルカット

日帰り～1泊の山歩きに。足首が適度にサポートされ、今後いろいろな山に行きたい初心者におすすめ。
▶サレワ

アプローチシューズ

クライミングの岩場まで歩くためのもの。ソールが岩登り用になっている。登山道を長時間歩くのには不向き。
▶ラ・スポルティバ

ローカット

遊歩道や高原のハイキング向き。足首が自由に動き履きやすいが、登山道を長時間歩くと疲れやすい。
▶マムート

トレランシューズ

未舗装の道を走るトレイルランニング用。不整地からの衝撃を直にうけるため、岩場の多い登山には不向き。▶アルトラ

#08

基本装備③ その他の必需品

ウェア類とバックパック、シューズ以外で買いそろえておきたいものはこちら。安全登山のため、使わなくても必ず持ち歩きましょう。

遅くなっちゃったなぁ
ん？
ガサ
ガサ
ここは登山道ですか…？
ぬっ…
わっ
人？
え？
1巻「不屈のにんにくネギ味噌さけ雑炊」より

☑ヘッドランプと予備電池

日没を過ぎてしまったときや遭難したときに、明かりのあるなしで自力下山できるかどうかに大きく差が出るので、日帰り登山でも必ず持参しよう。最近はUSB充電式のヘッドランプもある。

▶ブラックダイヤモンド

☑携帯電話とモバイルバッテリー

トラブルに遭ったとしても、スマホが動けば、救助を要請したり、GPSで位置を確認したり、ライト代わりにしたりできる。電池切れで使えないとならないように、モバイルバッテリーは現代登山では必携。

使ったことがなくても持っておきたい必需品

どの山に行くときでも必ず持っていきたいのは、ここであげたものと、次の節で紹介するファーストエイドキット、エマージェンシーグッズ。山で何かトラブルがあった場合、ちょっとしたものでも、お店などですぐに調達することができないので、これらを持っているかどうかが、命を左右することもあるのです。今まで使ったことがなくても、「使うかもしれない」と思って、必ず持参しましょう。実際に山に行く前には、P.98・99の登山装備チェックリストで持ち物の確認をしてみてください。

#08 基本装備③ その他の必需品

地図

スマホの地図アプリやGPSアプリだけだと、電池が切れたり、滑落で壊れたりすることもあり得る。いざというときに紙の地図も使えるように併用して、常に持ち歩くようにしよう。

山と高原地図
52
2021年版
大峰山脈
1:50,000

『山と高原地図 大峰山脈
(山と高原地図 52)』
(昭文社刊)

えーと…
ふむ～
よしよし…

1巻「不屈のにんにくネギ味噌さけ雑炊」より

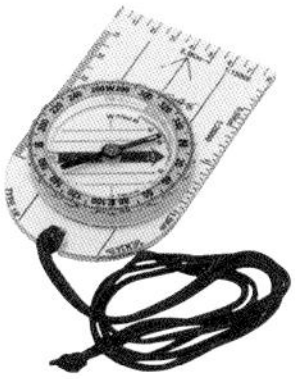

コンパス

スマホのコンパスだけでなく、マップ用コンパスも必携。特に低山では道迷いしやすいため、分岐や道を間違えそうな場所では方角の確認を。詳しい使い方は、一度地図読み講習などに参加して、身につけておこう。

トイレセット

オシッコをするとシカがなめにくるなど、人間の排泄物は生態系や水質に影響を与えることがわかっている。トイレを使用するのが基本だが、緊急時でも極力持ち帰りを。▶モンベル

財布と現金

軽い登山用財布を用意し、不要なカード類は置いていこう。山ではカードは使えないことが多いため、多少の現金と、トイレ用の100円玉の用意を。保険証と、下山後のタクシー代用に現金かクレジットカードも。

まさか
トイレが
有料だなんて
100
協力金を
お願い致します
それも
現金が要るのか?
今日は現金
持ってきて
ないんだよな…

11巻「限界! ぎゅうパンチョコバナナ」より

時計

登り始めや分岐、休憩のときなどに時間をチェックしておくと、山行中の時間の管理や、遭難時などに役立つ。高度計付きのものだと、現在地の標高や、あとどれぐらい登るのかがだいたいわかって便利。▶カシオ

#09

基本装備④ 緊急時の備え

山では、助けてくれる人や、必要な物がすぐにあるとは限りません。何かあっても自分で対処できるよう、備えをしっかりしましょう。

ぎゃあッ！ なんか刺された!?
ハチ!? アブ?! なに!?

6巻「夏山限定！ フルー“酎”ポンチ」より

こんな時はっ
ポイズンリムーバー！

ポイズンリムーバーとは…
毒虫や毒蛇から注入された毒を吸引するための簡便な器具である
刺されてから2分以内に使用することが望ましい
水で洗って…
ひちゃ
ぴちゃ

山頂で一休みしようとしたら、虫の大群に襲われてしまった鮎美ちゃん。ポイズンリムーバーで何とか対処し、ことなきを得た。

緊急時に自力で対処できるアイテムと知識を！

山で何かあっても、すぐに専門家に見てもらったり、道具を直してもらったりすることはできません。どうしても自力下山できなくなって、救助を呼ぶような事態になったとしても、救助が駆けつけるまでに半日から1週間以上かかる可能性もあります。行く先の山で起こり得るリスクを把握して、ファーストエイドキットやエマージェンシーグッズを用意しておきましょう。また、応急手当に関するさまざまな講習会が各地で開催されているので、一度参加しておくと、いざというとき落ち着いて対応できます。

ファーストエイドキットの例

自分の体質や行き先などによって、必要になりそうなものを用意。他の人が見てもわかりやすい袋にまとめておこう。▶モンベル

1

2

3

4

5

6

7

8
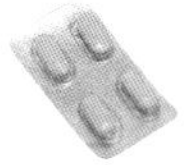

1 滅菌ガーゼ	2 包帯	3 テーピングテープ（非伸縮）
4 ばんそうこう	5 人工呼吸用補助具	6 傷口を洗うための水
7 ポイズンリムーバー	8 鎮痛剤・総合感冒薬・下痢止め・胃腸薬など	

エマージェンシーグッズの例

☑ツェルトかレスキューシート

遭難時などにかぶったり立てたりして身を守る簡易テントがツェルト。防風・防寒・防水効果のあるレスキューシートでもいい。100円ショップのものは避けたい。

▶ファイントラック

☑ダクトテープ

ガムテープより丈夫で粘着力が高い。靴やポール、バックパック、ウェア、テントなどの道具を補修したり、怪我した部分を固定したり、何でも留められる。

☑マルチツール

1つの柄にいろいろなツールを搭載した万能ナイフ。特にナイフやハサミは重宝する。機能満載すぎても重くなるので、重量とのバランスで選ぼう。

☑非常食

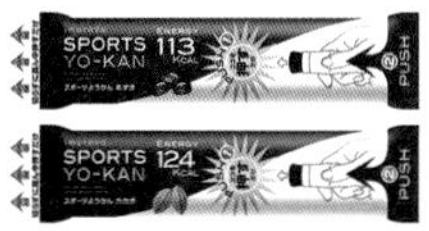

ごはんや行動食とは別に、万が一の時のために余分に持っていく食べ物。日持ちして、水がなくても食べられるものを用意しよう。▶井村屋

#10

基本装備⑤ あるといいもの

登山用品店に行くとたくさんのアイテムが並んでいて、何が必要なのか迷いますよね。山行に合わせて少しずつ買い足しましょう！

思えば…
はじめは…
レジ袋だった
レジ袋は…
山小屋の中で音がきわ立っ
ショワ
ショワ
シャカ
ショワ
シャカ
ショワ
耳障りな音を立てるし…
なんだか雰囲気がなくて…
寂しいのだ
どっちがゴミ…
それから1年登山者として微成長し道具選びにも色気が出てきた私は登山用品店でスタッフバッグなるものを発見…
これみんなが使ってるやつだ

10巻「しみしみのかき揚げライスバーガー」より

天つゆが漏れてしまったことで、収納について試行錯誤する鮎美ちゃん。スタッフバッグは登山を始めて1年ほどで購入したそう。

山道具沼は底なし！ 必要に応じて買おう

どの季節にどの山にどのルートで行くかによって、必要なものは変わってきます。最初から全部そろえようとしなくても、山に行くたびに必要と思ったものを買い足して行きましょう。また、パッキングの仕方は、荷物のコンパクトさや重く感じるかにも影響してきます。

パッキングの基本は、よく使うものは雨蓋など出しやすい場所へ、あまり使わないものや宿でしか出さないものは奥へ。バックパックの主室の真ん中あたりに重いものがくるようにし、左右のバランスを均等にすると、安定します。

#10 基本装備⑤ あるといいもの

サコッシュ

地図やスマホ、財布、ちょっとした行動食などを入れて持ち歩くのに便利。ただし、岩場や鎖場が続くときや雨のときにはバックパックにしまったほうがよい。

防水スタッフバッグ

バックパックにレインカバーをしていても中身は濡れるので、濡らしたくないウェア類などは防水スタッフバッグへ。購入時には完全防水か確認しよう。

▶シートゥサミット

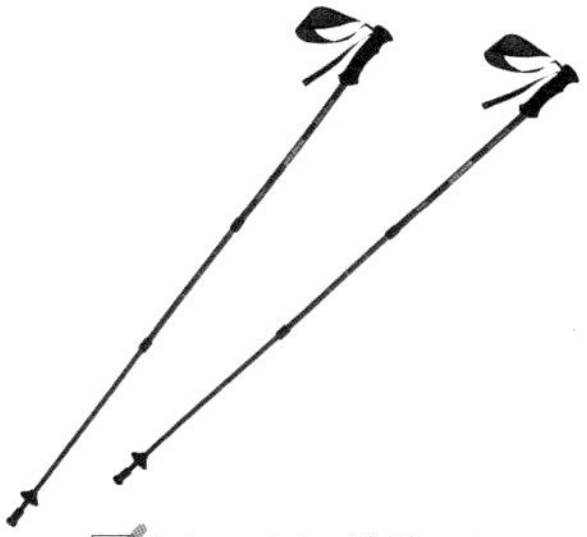

トレッキングポール

あるといいものの中では優先順位高め。筋力の弱い初心者こそ持っていると、特に下山時に脚への負担を軽減できる。荷物が重いときにも活躍する。▶モンベル

軽アイゼン

夏山でも雪の斜面が出てくる可能性があるときに、持っておくと安心。登山用品店に靴を持っていって、靴と合うか確かめてから購入を。▶モンベル

ゲイター

ぬかるんだトレイルを通るときや富士山に行くときなど、泥や砂利などで汚れそうな山行では、あるとズボンの裾汚れや靴に砂利が入るのを防いでくれる。▶イスカ

ボトルや
ハイドレーション

頑丈な山用ボトル、冬は保温ボトルがあるといい。ハイドレーションがあると、立ち止まったりバックパックを下ろしたりしなくても給水できる。

▶プラティパス

日焼け止め
虫除け・リップ

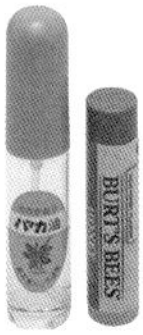

特に紫外線の強い高山や雪山では日焼け止め、春〜秋の低山では虫除けがあるといい。意外と忘れがちなリップは、UVカットのものがおすすめ。

速乾タオル

普通のタオルは水気を含むと重くなって、なかなか乾かない。山小屋や下山後に温泉があるときのためにも、速乾のタオルを1つ持っておくと重宝する。

熊鈴

熊が出る可能性のある山に行くときに。ただし、山小屋などでは迷惑になることもあるので、必要時以外はティッシュを詰めるか、消音機能付きのものに。

CHECK

重さとの兼ね合いも考えよう

入手できるものが限られている山では、あったほうがいいもの、あるとより快適になるものは無限にある。ただ、荷物が重くなって疲れてしまうようでは、快適な山行を楽しめない。必要性、快適性と重量のバランスを常に考えよう。

筆記用具とメモ帳

コースタイムを記録したり、地図にメモしたり、登山届に記入したりと、何かとあると便利。耐水のメモ帳と、短くなった鉛筆など。

#11

基本装備⑥ 調理用具

たくさん歩いた後の山でのごはんやおやつは、気分の上がるごほうび。慣れてきたら、バーナーでの調理にも挑戦しましょう！

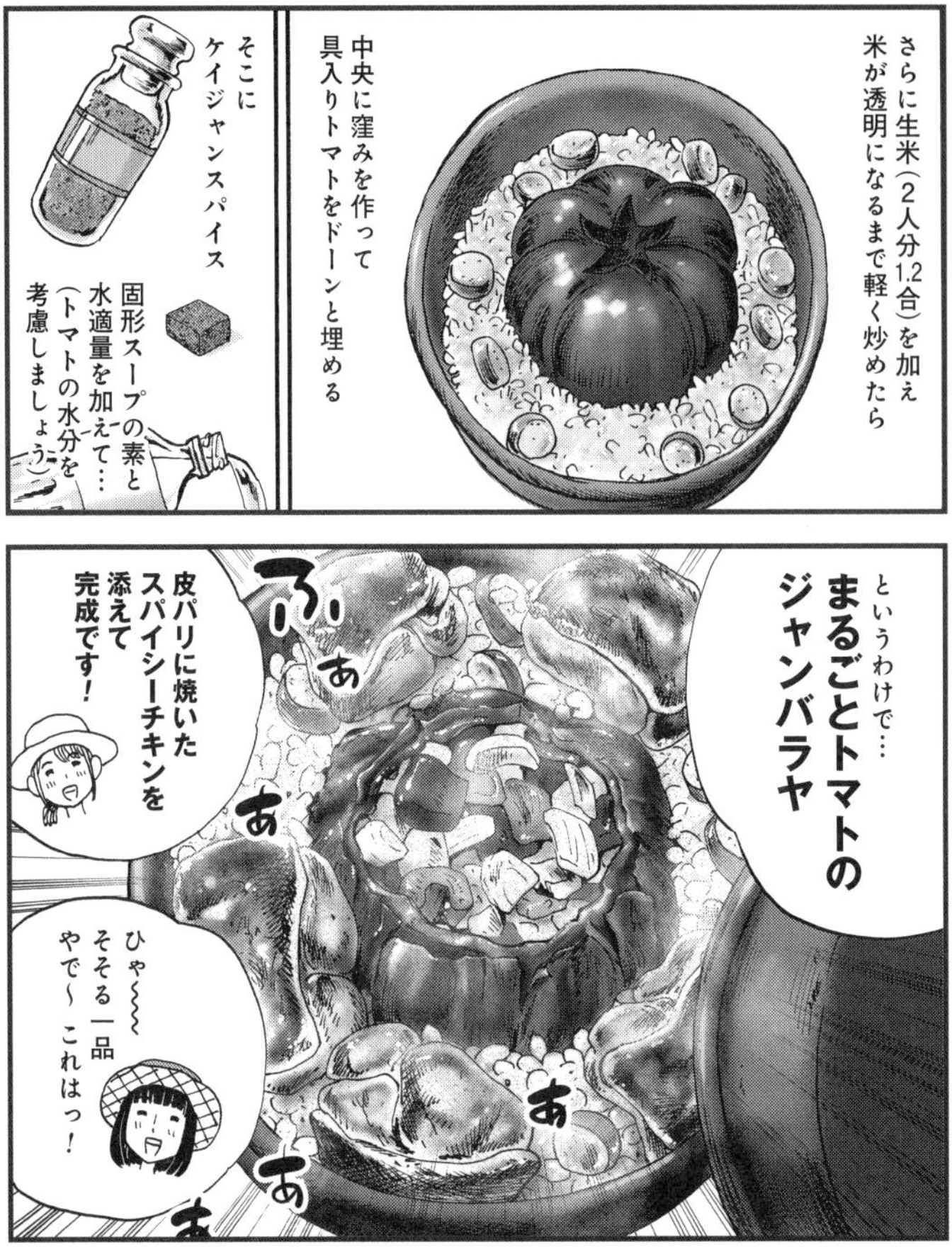

さらに生米（2人分1.2合）を加え
米が透明になるまで軽く炒めたら
中央に窪みを作って
具入りトマトをドーンと埋める
そこに
ケイジャンスパイス
固形スープの素と
水適量を加えて…
（トマトの水分を
考慮しましょう）
というわけで…
まるごとトマトの
ジャンバラヤ
皮パリに焼いた
スパイシーチキンを
添えて
完成です！
ふぁあああああ
ひゃ〜〜〜
そそる一品
やで〜 これはっ！

3巻「沈黙のジャンバラヤ」より

会社の先輩、小松原さんとハイキングに来た鮎美ちゃん。具を入れたトマトと、生米をクッカーに入れて、絶品ジャンバラヤの完成！

山ごはんを充実させる調理用具を導入しよう

日帰りで低山ハイキングに行くときこそ、バーナーで調理したり、器にこだわったりと、ごはんを楽しむチャンス。泊まりでの縦走など長時間行動する山行になると、重量をシビアに削り、日持ちのする食材を選んで、栄養にも気を配るなど、気にしなければいけないことが増えます。また、低山で火器に慣れておくと、ハードな山行でも戸惑わずに済むはず。バーナー一つで作る、時間をかけない、ゆで汁を捨てなくて済むよう工夫する、ゴミを出さないようにするなど、山での調理ならではのコツも身に付けていきましょう。

#11 基本装備⑥ 調理用具

山で調理しない場合

保冷・保温ボトル

山専用ボトルがあれば、火を使わなくても、山頂でカップラーメンを作れる。他にもアルファ化米、インスタントスープ、お茶などをすぐ楽しめる。▶モンベル

マグカップ

特にグループで行って山ごはんを楽しむ場合は、カップがあるといい。プラスチックや木、チタンなどさまざまな素材、デザインからお気に入りを探そう。▶モンベル

保冷・保温バッグ

温かいおにぎりやごはんを入れていったり、逆に夏場に傷みやすい食材や凍らせたゼリー、果物を入れたりと、食べ物を持ち運ぶのに何かと重宝する。

カトラリー

つい忘れてしまいがちなのがカトラリー。スプーンとフォークが一緒になったスポークや箸など、できるだけ軽量コンパクトにまとめよう。▶モンベル

山で調理する場合

クッカー

鍋や器として使える軽量コンパクトな調理器具。よく使われる素材はアルミ、チタン、ステンレス。お湯が早く沸かせるものや、ごはんが炊きやすいものも。
▶モンベル

ストーブ（バーナー）とガスカートリッジ

山での調理に最適なストーブ。重さやサイズ、火力、安定性、低温や風でも使えるかなどで選びたい。アルコールストーブ、固形燃料ストーブなどを使う人も。
▶スノーピーク

CHECK

どんな食べ物を持っていく？

非常食

エナジーバーや栄養補給ゼリーなど、疲れていても、水分がなくても食べられるもの。何もなければ食べずに持ち帰る。

行動食

小休憩や行動中も食べられるおやつ。カロリーがあるもので、甘い、しょっぱいなどバリエーションがあると食べやすい。

日程分の食事

日帰り登山なら気分が上がるものをお楽しみとして。長時間行動するならカロリーとたんぱく質を取れることが大事。

#12 テント泊登山の装備

テント泊登山では、自分の家と布団を背負って歩くことになります。確かに重いけれど、自然との一体感はテント泊ならでは！

17:00
だらだらと夕食スタート
……くあぁ〜〜〜〜〜〜〜〜〜〜〜〜〜〜〜〜〜〜〜〜……っ
長野ときたら野沢菜でしょ〜
んっ
たまりまふぇん！
はぁ…幸せ…
申し訳ない…
18:30
明日を想いながらゴロゴロする

3巻「神降りる地のおやき」より

奥穂高岳に登るため、上高地入りして横尾でテント泊。夕食を作りながらダラダラと飲み、絶景を眺められるのもテント泊ならでは。

重いテント泊装備は軽量化がポイント

テント泊は装備が増えて重くなりますが、宿泊費用を節約してたくさん山に行きたい人にとって魅力的です。最低限必要な装備はテント、シュラフ、シュラフマット。大きめのバックパックも追加購入を。計画によって、自炊のための調理道具と食材も必要です。荷物が重くなる分、堅牢な登山靴やトレッキングポールがあったほうが歩きやすく、エネルギーを消費するため行動食も多めに用意しましょう。経験をつめば、自分がどれぐらい背負って歩けるかや、必要なものと削れるものがわかって、最適な装備ができあがります。

テント選びのポイント

設営しやすさ
初テントなら、設営で疲れてしまわないよう、シンプルで立てやすいことは重要。自立するドーム型がおすすめ。

ダブル／シングルウォール
初めてのテントには、インナーテントとフライシートがある、結露しにくいダブルウォールがおすすめ。

アフターサービスの充実
環境の厳しい山岳エリアで使用するので、アフターサービスが充実しているメーカーだと安心。

▶テンマクデザイン

自立型／非自立
初テントには、場所を選ばず張れて、ペグを打たなくても立つ自立型を選ぶとよい。

出入口の向き（前室の広さ）
出入口が横だと前室が広く、悪天候時の調理などに使いやすい。複数人で使う場合、縦だと全員が出入りしやすい。

サイズ・重さ
表示の使用人数で大体の広さがわかる。近年は、1人用ダブルウォール自立型で2kgを切るほど軽量のものも多い。

シュラフマット選びのポイント

クローズドセル／エアマット
破れる心配がないクローズドセルと携帯しやすいエアマットがある。

長さ・形
快適性や重さにも影響する。クローズドセルなら好みで切って使っても◎。

断熱性
R値が高いほど断熱性が高い。夏は1.0以上、春秋は2.1以上が目安。重ねるのもあり。

▶サーマレスト

シュラフ選びのポイント

重さ
素材によって重さに差が出る。重くかさばる冬用は特に、軽量なダウンを選ぼう。

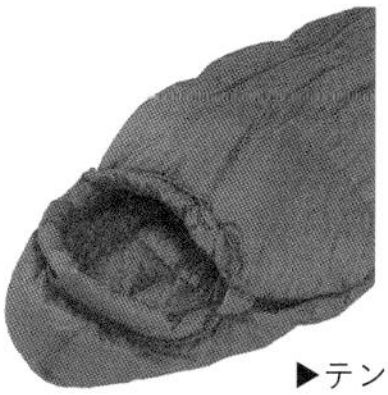

▶テンマクデザイン

素材
軽量でコンパクトになるダウンと、濡れに強い化学繊維があるが、現在はダウンが主流。

女性用のものも
小柄な人なら女性用を選ぶと、軽く、余分な空間が少ない分暖かい。

下限温度
使用環境の目安温度が表示されているが、体感は人によるので注意。

CHECK

その他あるといいアイテム

サンダル
テント場に着いてからも登山靴では疲れるし、脱ぎ履きが大変。軽量コンパクトなサンダルがあると楽。

ダウンパンツ
テント場に着いたら、トレッキングパンツの上からはくだけで格段に暖かい。寒いときは着たまま寝ると快適。

テントシューズ
寒い時期は末端が冷えるので、テント内で靴下の上から履くと暖かい。ダウンや化学繊維のものが多い。

グランドシート（フットプリント）
テントの下に敷いて使うと、生地の破損や汚れ、浸水を防ぐことができる。

#13

登山装備チェックリスト

必要な登山装備は、行き先やコース、登山スタイルなどによって変わってきます。自分なりの装備チェックリストを作りましょう！

1巻「反省のカシューナッツ炒め」より

日帰りの持ち物

- [ ] 速乾下着
- [ ] シャツ
- [ ] トレッキングパンツ
- [ ] 防寒着
- [ ] レインウェア上下
- [ ] 帽子
- [ ] グローブ
- [ ] ネックウォーマー
- [ ] サングラス
- [ ] シューズ
- [ ] バックパック
- [ ] 水筒、水
- [ ] ごはん
- [ ] 行動食
- [ ] 非常食
- [ ] 地図
- [ ] コンパス
- [ ] ヘッドランプ、予備電池
- [ ] スマートフォン、モバイルバッテリー
- [ ] ファーストエイドキット
- [ ] トイレセット
- [ ] 時計
- [ ] 筆記用具
- [ ] 財布
- [ ] 保険証
- [ ] 山岳保険の控え
- [ ] 登山計画書
- [ ] ツェルト／レスキューシート
- [ ] 速乾タオル／てぬぐい
- [ ] 密封袋

場合によってあるといいもの

- □ トレッキングポール
- □ ゲイター
- □ スタッフバッグ
- □ サコッシュ
- □ 軽アイゼン
- □ 日焼け止め、リップ
- □ 虫除け
- □ バックパックカバー
- □ マルチツール
- □ ライター／マッチ
- □ 熊鈴
- □ ダクトテープ

調理する場合プラスする持ち物

- □ ストーブ、ガスカートリッジ
- □ クッカー
- □ カトラリー
- □ マグカップ
- □ 食材

山小屋泊でプラスする持ち物

- □ 洗面道具
- □ 下着の予備
- □ 汗拭きシート
- □ インナーシーツ

テント泊でプラスする持ち物

- □ テント
- □ シュラフ
- □ シュラフマット
- □ グランドシート
- □ ダウンパンツ、ジャケット
- □ シュラフカバー、インナー
- □ テントシューズ
- □ サンダル

COLUMN

山歩きと私

山岳収集家
鈴木 優香

かけがえのない瞬間を形にする

私が山に興味を持ち始めたのは、大学院生のころ。きっかけは研究室の伝統行事である「山ゼミ」で、それは大学の所有する山小屋に滞在しながら同級生や先輩、教授の先生方とデザインについて語るというものでした。暖かな色のランプが灯り、ストーブの香りがする食堂。大勢で大きな木のテーブルを囲み語らう時間はとても和やかで、皆の顔もいつもより朗らかに見えたのを覚えています。冷たい朝の空気が心地良いこと、月明かりで影ができること。山の中で新たに知ることは多く、他にはどんな素敵なものに出会えるのだろうと思いを巡らせました。

それ以来私の心には山が棲み着いて離れず、卒業後はアウトドアメーカーの商品デザイナーとして働くことに。登山を快適にするアイテムを開発する傍ら、金曜日になると夜行バスに乗ってはアルプスの山々を訪れる日々が始まったのです。初めは燕岳や唐松岳、続いて穂高岳や剱岳。いつしか長い縦走もできるようになり、今では雪山や海外トレッキングまで、さまざまなスタイルで山を楽しんでいます。

登山を始めて10年が経ちますが、ずっと変わらないのはフィルムカメラを持って山に入ること。幾度となく山を歩いてきて、そこにはいつも必ず心が動く瞬間があると知っているから、どんなに荷物が重くてもカメラを置いていくわけにはいきません。朝露を纏って揺れるハイマツの花。ごつごつとした岩肌に咲く地衣類の模様。聳える山々の姿ももちろん魅力的ですが、私が特に好んで写真に収めるのは、注意していなければ見逃してしまいそうなささやかなものたち。ときには地面に向かってカメラを構えるものだから、何を撮っているのだろうと不思議がられることも……。デジタルではなくあえてアナログを選ぶのは、限られたフィルムの中で目の前の景色を一つ一つ丁寧に集めていきたいと思うから。こうして粛々と収集してきた美しいものはどれも思い入れの深いものになり、自身の制作の源にもなっています。

２０１６年から始めたMOUNTAIN COLLECTORは、山で見た景色をハンカチに仕立ててゆくプロジェクト。山の中で出会うかけがえのない瞬間を、形あるものにすることでその存在を確かにしたいと思いスタートしました。山を歩き、写真を撮り、作品を作り、再び山へ。一見同じことを繰り返しているようにも見えるけれど、こうして私の山の世界は少しずつ確実に、今このときも広がり続けています。

▶https://www.mountaincollector.com/

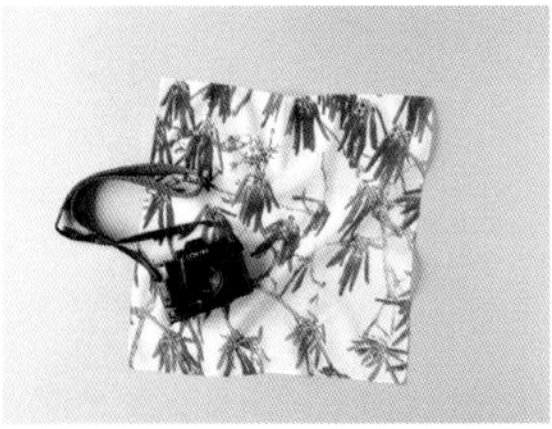

PROFILE **すずき・ゆか**

山岳収集家。東京藝術大学大学院修了後、アウトドアメーカーのデザイナーを経て独立。2016年、山で見た景色をハンカチに仕立ててゆくプロジェクト「MOUNTAIN COLLECTOR」をスタート。現在は山と旅をライフワークとしながら、写真・デザイン・執筆などを通して表現活動を続けている。

ギギュッ
キュッ
ギギュッ

CHAPTER3

山歩き編

ここでは、登山の基礎知識を解説します。
登山をする前に、基礎知識を頭に入れて、
楽しくそして安全に登山ができることを目指しましょう。
焦らず自分のレベルにあった山を楽しむことが大事です。

足…重〜〜〜…
どすん

残ってて
登山道がわかりにくい…
さく さく さく さく
でもあの人どんどん歩いていくし

#01

登る山、どう選ぶ？

「SNSで見た景色のいい山に行きたい」と思っても、すぐに行けるとは限りません。自分の体力や経験に合った山から始めましょう。

1年を通して計画を立てよう

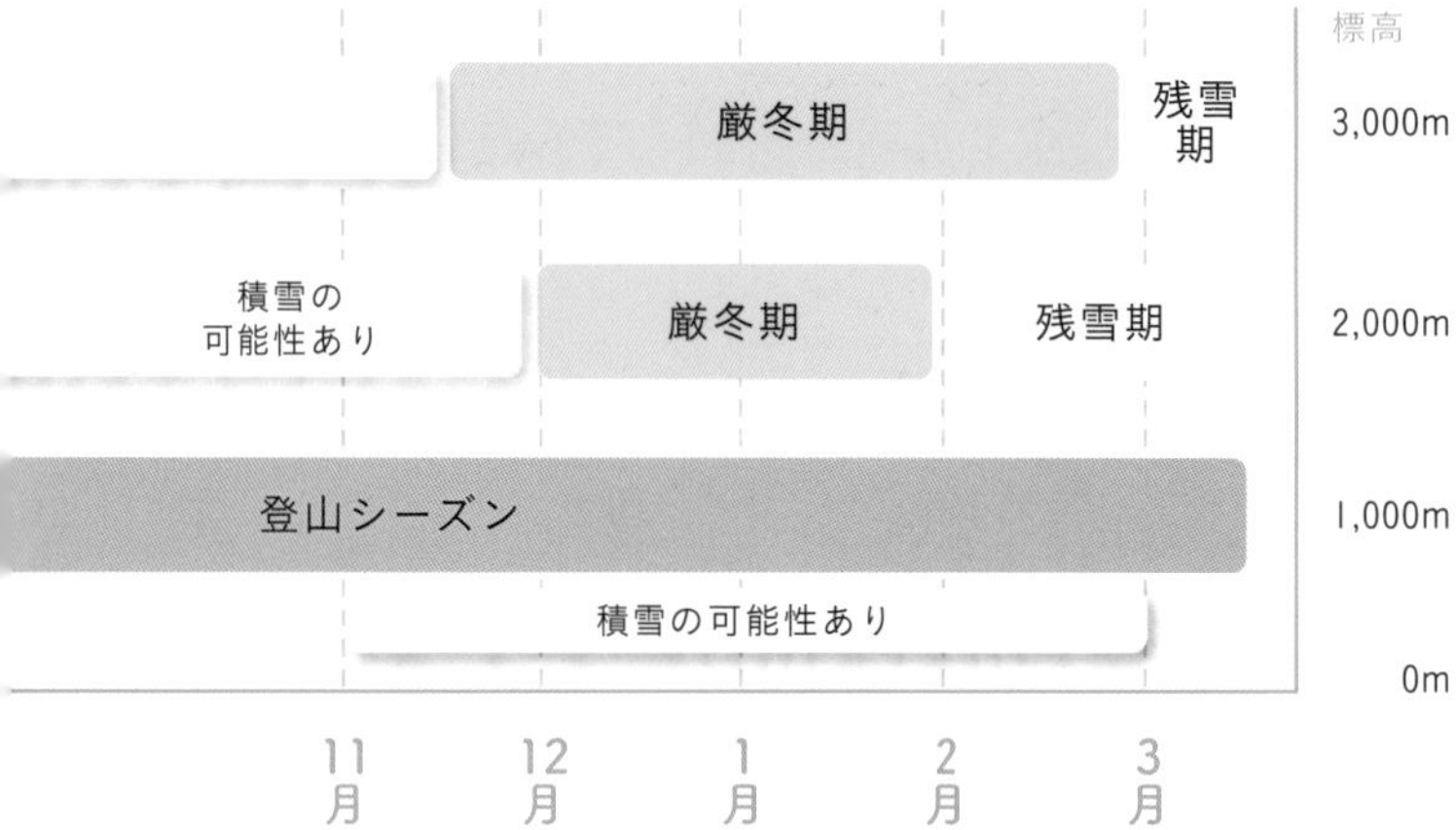

標高
3,000m
厳冬期
残雪期
2,000m
積雪の可能性あり
厳冬期
残雪期
1,000m
登山シーズン
積雪の可能性あり
0m
11月
12月
1月
2月
3月

積雪がなくても高度が上がるほど地面は凍り付きグリップのきいた登山靴でも滑るほどになる
わ…私も転ばないように…
怪我や滑落をしてはならないのは当然なのですが…
今日は特に転んではいけないのです

5巻「玉子の殿様」より

目標や計画を立てて徐々にステップアップを！

行く山を選ぶにあたって、まずは日本の山の四季がどのように変遷するのかを何となく頭に入れて、長い目で計画や目標を立てましょう。例えば、冬から春は（雪のない）低山で体力をつけ経験を積んで、1年目の夏はアルプスの山小屋に一泊する。次の秋から春は低山でテント泊を始めつつ、2年目にアルプス山小屋泊縦走をする。そして3年目の夏にいよいよアルプスでテント泊デビューする、といった具合です。また、最初のうちは、道標があり登山道が整備されている、人の多いポピュラーな山から始めると安心です。

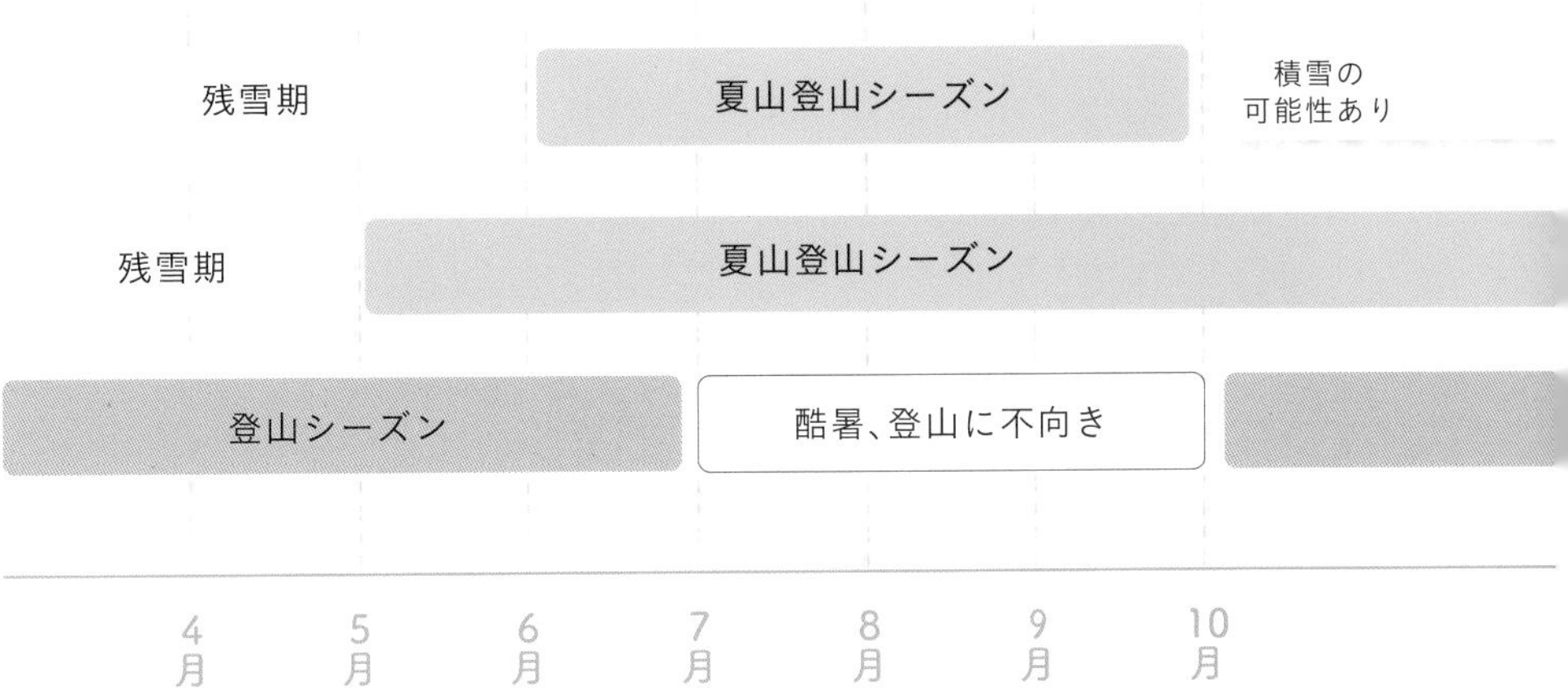

関東周辺の山の季節感

山選びで考慮すべきポイント

標高

標高が100m上がると気温は0.6℃下がるため、標高によって山の季節感はだいぶ違ってくる。また、標高2,000mを超えると人によっては高山病のリスクも出てくる。

緯度

上の図では関東周辺の山の季節感を表したが、同じ標高でも北海道では冬が長く夏が短く、九州では冬が短く夏が長くなる。また、日本の場合、北のほうの山ほど森林限界が低い。

季節

同じ山の同じルートでも、季節によって状況や難易度はまったく変わる。特に、道に雪が積もっていないか確認を。逆に真夏の低山は暑すぎて過酷なので避けよう。

累積標高差

標高3,000mの山でも登り始めが0mか2,000mかで難易度はまったく違う。起伏の激しいルートもあるので合計何m登るかもポイント。最初は標高差400m以下から始めて。

ルートの難易度

一般登山道で特別な技術を求められるルートはほぼない。ただ、道が悪い、鎖場が多い、岩場、急登の連続などの悪条件に加えて、距離が長くなると、難易度は上がる。

日程・行動時間

何日間行くのかや、1日何時間行動するのかによって、行ける山やルートは変わってくる。最初は日帰りで行動時間3時間程度の山をのんびり歩くところから始めよう。

#02

計画を立てる

計画をしっかり立ててある程度その通りに行動しないと、遭難の危険があるのが登山。楽しい山行のために下準備をがんばりましょう。

おかわりいかがですか?
登山されるんですか?
あっ
ください
は…はい
スゴいですね
虫とかイヤじゃないんですか?
ときどき…
あ〜
山に行きたい
山と溪谷
この夏、テントで歩くベストルート40

お気に入りのカフェでお盆休みの登山の計画を立てる鮎美ちゃん。「どこの山に行こうか」と考えるのもまた、登山の楽しみの一つ。

むしょうに山に行きたい
今すぐ
独りで

3巻「誰も知らないコーヒーブレイク」より

登山は計画が成否のカギを握る

どこの山に、誰と、どんな交通手段で行くのか、ざっくり計画を立てたら、シミュレーションしながら詳細を詰めていきます。家を出る時間、電車に乗る時間、バスに乗り換える時間、登山口を出発する時間、各分岐やランドマークを通過する時間、下山のリミットなどを細かく書き出し、メンバー全員で共有を。登山地図にはコースタイムが書いてありますが、最初はその1・5倍程度で計画を立てて、自分の体力を把握しましょう。また、コースタイムには休憩時間が含まれていないので、計画段階で適宜入れておいて。

チェックすべきポイント

1 天候

山で荒天になると命にかかわることも。どんなに綿密に計画を立てていたとしても、行き先の山の天候が悪ければ中止、または行き先を変更するしかない。1週間ほど前から天気の移り変わりをチェックして、山の中で荒天に遭わないよう注意しよう（天気の確認の仕方はP.108・109参照）。

2 交通手段

交通の便が悪い山も少なくない。電車やバスで行くなら、出発、到着、乗り換えの時間を書き出して、乗り遅れないように。バスの予約が必要な場合や、駅から登山口までタクシーで行く場合もある。マイカーなら駐車場があるかや、通行止め区間、路面凍結がないかも確認を。

3 メンバー

計画段階で先にメンバーが決まっている場合と、後から誘う場合があるだろう。一緒に行くメンバーのレベルによっても計画は変わってくるので、経験値や体力の確認を。メンバー全員の本名と緊急連絡先も、事前に把握しておこう。また、初心者のうちは単独行は避けること。

4 登山道の状況

登山地図を読み込み、歩く予定のルートの把握を。また、台風や大雪、地震の後などは、登山道や登山口に向かう道路が荒れて通行できないことも。山小屋や自治体のサイトで調べたり、登山アプリで最近同じルートを通った人の登山記録を見たり、自治体に電話したりして確認を。

CHECK

日没、終バス、終電の時間は要チェック

さぁ日が暮れるぞ急げ急げ
だ
時間がない
だ
だ
だ
16:30 雲取山荘まで移動

6巻「夕闇のタコさんウインナー麺」より

早朝から深夜まで電車やバスが走る都会と違って、登山口からのバスは1日数本とか、終バスが16時ごろということも珍しくない。また、登山口の場所によってはタクシーが来てくれない、携帯電話の電波がつながらないということもある。終バスや終電に乗り遅れないように、また日没にならないように、早めに下山する計画を立てよう。

#03

地図読みの基本

山での遭難でいちばん多いのが、実は道迷い。地図とコンパスを使いこなせれば、道迷いを防げるので、ぜひ地図読みを学びましょう。

紙地図とアプリの併用が基本

登山地図アプリ

スマホのGPSで現在地を表示してくれるため、道迷い防止に。さらに、現在地の標高や経過時間、移動距離などがわかるものもある。「ヤマップ」や「ジオグラフィカ」、「山と高原地図」などが人気。電池節約のためオフラインで使用を。

紙地図

スマホの電池切れに備える意味だけでなく、広げて広範囲を把握しやすいというメリットも。計画時や、予定コースの変更を検討するときなどに使いやすい。ポピュラーな山なら『山と高原地図』（昭文社刊）に載っている。

CHECK

コンパスはどう使うの？

登山の必需品とされるのが、透明な台座のついたマップ用コンパス。地図にのせてルートの確認をしたり、目盛りを使って目的地までの距離を測ったり、目の前に見える山が地図上のどの山かを見る「山座同定」をしたりもできる。詳しい使い方は、地図読み講習などに参加して身につけよう。

下山時や分岐で地図とコンパスを出そう

山では道に迷ったり、パーティーとはぐれたり、滑落したりと、何があるかわからないもの。地図もコンパスも全員用意するのが基本です。最近はスマホのGPSを使った登山地図アプリも出ていますが、長所短所があり、紙地図との併用がおすすめ。下山時に紙地図とコンパスで方角が合っているか確認するなど、平時から慣れておきましょう。ちなみに、地図を印刷する場合、家庭用に多いインクジェットプリンタは水に濡れるとにじむため、コンビニなどで印刷するのがおすすめ。ジッパー付き袋に入れると濡れを防げます。

チェックしたい地図上のマーク

※一例です。

登山アプリ「山と高原ホーダイ」の「槍ヶ岳・穂高岳」より

- 山小屋
- 水場
- 一般登山道
- テント場
- 駐車場
- バリエーションルート
- 三角点
- お花畑
- 通過時に注意するところ
- 展望マーク
- 登山ポスト

等高線

同じ高さの地点を結んだ線のこと。縮尺5万分の1の『山と高原地図』は20mごとに引かれている。等高線の間隔が狭い箇所は急斜面、広い箇所は緩斜面とわかる。

ピーク

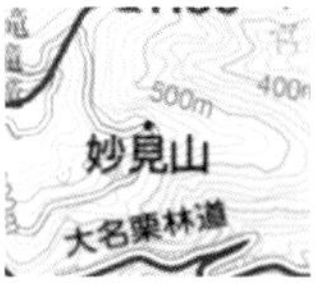

いわゆる山頂。地図でみると、等高線が丸く閉じている部分がピークだ。名前や標識のないピークもたくさんある。

尾根・谷

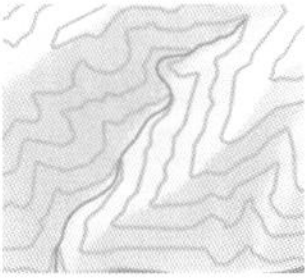

尾根は山頂から続く凸型の部分、谷(沢)は凹型の部分。地図では、等高線がピークから外に向かってとがっているのが尾根、ピークに向かってとがっているのが谷だ。

稜線

ピークとピークをつなぐ高い部分。複数の山頂をつなぐ縦走登山のときに通ることが多い。尾根と稜線の区別は厳密ではない。

#04

天気を確認する

身を守ってくれるものの少ない山では、直に天気の変化の影響を受けます。事前に天気を確認して計画を立てることがとても重要です。

ゴゴゴゴ
ザアアアアア
10:00
硫黄岳にある
山小屋
(標高2650m)
横岳
いけます
かね
雨はいいけど
風がねぇ
けっこう
難所だから
無理しないほうが
いいっすよ

2巻「食べきれない硫黄岳」より

八ヶ岳縦走中、硫黄岳の山小屋で天気の急変に遭った鮎美ちゃん。まだ早い時間だったが、回復の見込みがないため無理せず宿泊することに。

山の天気は命にかかわる問題

山で天気が悪いと、単に眺望が楽しめないだけでなく、遭難の危険が高まり、最悪の場合は命にかかわることもあります。山に行く計画を立てたら、1週間ほど前から天気をチェックし、荒天になりそうな場合は計画を中止、変更、延期する必要があります。山の天気で注意すべきポイントは、街にいるときと違って、雨や雪が降らないかだけでなく、風が強くないかもチェックすること。山の天気に関する講習を受けたり、本を読んだりして、いずれは天気図や空を見て自分で危険を察知できるように勉強しましょう。

チェックすべきポイント

1 強風

山では風で命を落とすこともある。平均風速10m/s以上から注意が必要で、あおられて滑落する、低体温症になる、低温の場合は凍傷になるといったリスクが高まる。特に森林限界を越える場合は要注意。

2 雷

気象遭難の死因として2番目に多いのが落雷。落雷の多い山域や、身を隠す場所のない稜線に出る場合は、特に注意しよう。午後早めの時間に行動を終えることも大事。

3 雨・雪

雨だと、視界がきかず道に迷いやすい、登山道が滑りやすい、濡れて低体温症になりやすい、沢の増水や土砂崩落といった危険がある。積雪箇所があると滑落のリスクが高い。

4 気温

真夏でも、標高3,000mを超える山の朝晩は気温0℃前後になることも。天気予報や山小屋のサイトなどで気温をチェックし、それに合わせた防寒着などの装備を整えよう。

1週間前から情報収集を

現地からの情報

判断に迷ったら、宿泊予定の山小屋など現地に電話で聞いてみよう。ただし、山小屋が忙しい朝9時ごろまでや、14～18時ごろは避けること。

ネットで調べる

山専門の天気予報サイトや、行き先の山小屋のサイトなどで確認しよう。いずれは気象庁のサイトに出ている天気図がわかるように勉強を！

CHECK

天気の全体の流れを知っておこう

山の天気は変わりやすいもの。山に行く日の、目的の山の天気予報をピンポイントでチェックするだけでなく、季節や山域などによる天気の傾向を学んでおくと、現地でも臨機応変に対応しやすい。

ヤマテン

山岳気象に詳しい気象予報士の解説つきなので具体的な気象リスクがわかる。月額330円。

日本気象協会 tenki.jp

コンピュータで計算したその標高付近の気温や風速を出している。天気図や気象衛星画像も。

#05

リスク管理のための事前準備

日帰りでも低山でも登山には危険がつきもの、事前の備えが大切です。登山計画書の提出や山岳保険加入はマストでしておきましょう！

テントを忘れるなんて場合によっては生命に関わる大失態です
反省
トボ
トボ
慣れてきた頃が危ないって言うけど本当にその通りです
二度と過ちを繰り返さないように反省反省です
9:30 コースタイム通りに下山
お母さんにメールで下山の報告
「下山したよ」
まだ朝の10時にもなってない
このまま帰っても……少しブラブラしていくか

6巻「トメさんのわさび漬け」より

雲取山登山にテントを忘れ、避難小屋に泊まって下山した鮎美ちゃん。いつもお母さんにメールで登山前の連絡と下山報告をしている。

CHECK

登山計画書は３部用意をしよう

登山計画書は提出分以外にも、山行中には１人１枚ずつ持ち歩くとともに、家族や友人など山に行かない人にも渡すか、メールで送っておこう。計画通り下山しなかったときに、気づいて警察に行方不明者届を出してもらうためだ。

捜索・救助の要になる登山計画書

山で事故があったとき、携帯電話の電波が入らなかったり、意識を失っていたりして、自分で救助を呼べない場合もあります。その場合、家族や友人が予定日時になっても帰ってこないと気づくことで初めて遭難が発覚し、警察に行方不明者届を出すことになります。その捜索・救助時に重要なのが、登山計画書の提出。登山計画書がないと、どこを捜索していいのかわからないからです。提出先は各都道府県の管轄警察本部の地域課で、登山口近くにポストがある場合や、サイトから電子申請ができる場合もあります。

登山計画書は必ず提出する

登山計画書

計画タイトル	七ツ石小屋泊　雲取山		
山域・目的地	関東　奥多摩・高尾・陣馬　雲取山		
日程	2020年11月21日（土）～2020年11月22日（日）		
パーティ人数	1人	山岳保険	加入している
緊急連絡先	名前：猪口いるか	電話番号：000-0000-0000	

氏名	性別	年齢	住所	連絡先
日々野鮎美	女	27	東京都●●●●●●●●●	000-0000-0000

行程

【1日目】
鴨沢(10:30)・・・小袖乗越(11:03)[休憩 5分]・・・堂所(13:03)[休憩 20分]・・・七ツ石小屋(14:18)

【2日目】
七ツ石小屋(06:30)・・・七ツ石山(07:05)[休憩 5分]・・・ブナ坂(07:20)・・・雲取奥多摩小屋(08:00)[休憩 10分]・・・小雲取山(08:35)・・・雲取山(09:05)[休憩 10分]・・・雲取山荘(09:35)・・・大ダワ(09:55)・・・白岩山(10:25)[休憩 10分]・・・白岩小屋跡(10:55)・・・前白岩山(11:15)・・・お清平(12:00)・・・霧藻ヶ峰(12:15)[休憩 40分]・・・炭焼平(13:35)・・・妙法ヶ岳分岐(14:10)・・・三峯神社(14:45)

【登山ルート】

総距離	約20.1km	累積標高差	上り：約2,261m 下り：約1,755m
コースタイム	標準：10時間5分 自己：10時間23分	コースタイム倍率	1.03

【装備・携行品】

長袖シャツ	Tシャツ・アンダーウェア	パンツ	靴下
雨具・レインウェア	登山靴・トレッキングシューズ	ザック	水筒・テルモス
ヘッドライト（＋予備電池）	傘	タオル	防寒着
帽子	グローブ、手袋、軍手	サングラス	着替え
地図（地形図・ルート図）	コンパス	メモ帳・筆記用具	腕時計
登山計画書（控え）	ナイフ	健康保険証	ホイッスル
ファーストエイド・医療品	熊鈴・熊除けスプレー	非常食	行動食
テーピングテープ	軽アイゼン	トレッキングポール	シュラフ
ストーブ	燃料	ライター	カップ
コッヘル	カトラリー・武器	ローソク・ランタン	

※登山情報サイト『ヤマケイオンライン』の「登山計画」機能で作成

基本情報

登る予定の山や日程、パーティーの人数など、今回の山行の基本的な情報をまとめる。

本人とメンバーの情報

全員分の氏名（本名）、性別、年齢（生年月日）、携帯電話番号、緊急連絡先、山岳保険加入の有無を記載する。

登山日程

入山予定地、代表的な経由地、下山予定地とその予定日時、途中で撤退するときのエスケープルートの予定など。

登山コース

同じ行き先でもルートがたくさんある場合は、歩く予定のルートの概略図を記載する。

携行品

ウェアや地図、テントやツェルト、バーナー、ヘッドランプ、救急用具、予備の食料などの有無を記載。

山岳保険などに加入を！

やまきふ共済会

捜索救助費用や親族が駆け付ける費用を、登山届提出で最高1,000万円まで補償。海外にも対応。年間タイプの他、日帰りなど短期タイプも。登山直前まで手続き可能。

jRO（日本山岳救助機構）

年間で会員の遭難救助の補填にかかった費用を事後分担する制度。入会金2,200円・年会費2,200円と事後分担金で、遭難救助費用を550万円まで補填してくれる。

モンベルのアウトドア保険

補償内容、保険金額などプランを細かく選べて、入院や手術、通院、携行品の補償もある。年間タイプの他、当日でも手続きできる1泊2日の短期タイプは250円～。

ココヘリ+山岳保険

会員証が発信機になる捜索ヘリサービス。出動費用は1事案につき3フライトまで無料。個人賠償責任補償や携行品の補償も付く。山岳保険や団体との提携もある。

#06

山ならではの歩き方

山登りは競走ではないので、マイペースでコツコツと歩き続けることが大事です。まずは自分の疲れにくいペースを知りましょう!

疲れにくい歩き方の基本

✓歩幅は小さくする

歩数が少ないほうが疲れないと思いがちだが、実は1歩1歩にかける力を減らすほうが楽。1歩で進める距離に2歩かけるイメージで、小股で歩こう。

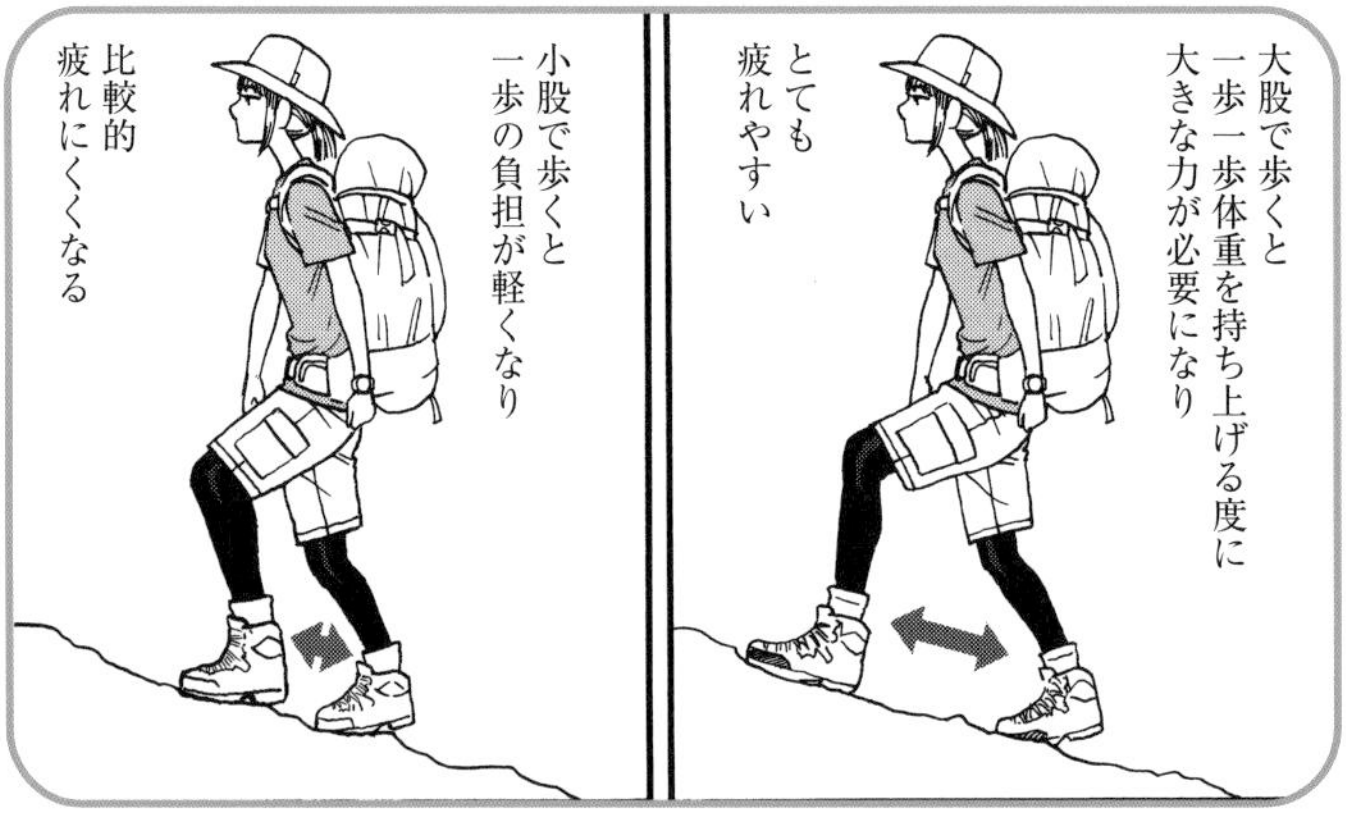
大股で歩くと一歩一歩体重を持ち上げる度に大きな力が必要になり
とても疲れやすい
小股で歩くと一歩の負担が軽くなり
比較的疲れにくくなる

1巻「雲上の楽園コーヒー」より

CHECK

トレッキングポールを使おう

脚への負担を軽減してくれるトレッキングポールは、初心者のときこそ使おう。特にヒザに負担がかかる下りのときや、荷物の重いテント泊のときに重宝する。使い方のコツも登山用品店の店員さんや経験者に聞いて。

▶モンベル

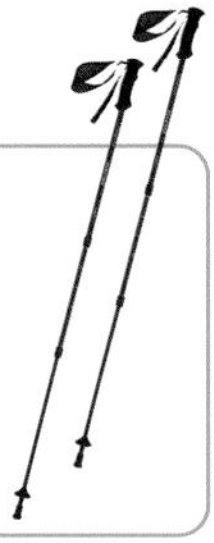

速く歩くことよりも疲れず長く歩き続けること

山での歩き方は街とは少し違って、長時間歩き続けたときに疲労が蓄積しないことが大切です。登りのときは、上体のブレを減らし、必要以上に太ももを上げないこと。かかとを浮かさず、足裏全体を地面につけるようにしましょう。下りのときは、へっぴり腰にならず上体を起こすことを意識して。足下と数m先を交互に見て、その先の歩き方をシミュレーションしておくと、うまく歩けます。また、歩き出す前に靴紐をしっかりと結び、バックパックをちゃんとフィッティングすることも、疲れにくくするコツです。

#06

山ならではの歩き方

息が上がらないペースで

慣れないうちは、ハイペースで歩いてはバテて休憩するのを繰り返してしまいがち。特に登りは息が上がりやすいので、自分の体力に合わせて息が上がらないペースで、ゆっくり確実に登っていこう。

さぁ いちいち引きずらんと今日はのんびりハイキングを楽しもう！
はぁ
はぁ
ご婚約おめでとさ〜〜〜ん
だから歩くペース早すぎですって

3巻「沈黙のジャンバラヤ」より

ジグザグに進路をとり小股でちょこちょこと登る
ほい
ほい
ほいっ
名付けてジグちょこ歩き！

1巻「雲上の楽園コーヒー」より

急坂はジグザグに歩く

急坂ではジグザグに歩くことで、傾斜の負担を減らせるのは、登りでも下りでも同じ。ただし、混み合う山では後ろに渋滞ができないように、自分よりペースの速い人が来たら、山側によけて抜かしてもらおう。

休憩はある程度、定期的に!

歩き始めは30分後、その後は疲れていなくても約1時間ごとに10分ほどの休憩を。休憩時にはバックパックを下ろし、寒いときは1枚はおろう。このときも、落石や滑落の危険がなく、通る人の邪魔にならない場所を選んで。また、ノドが渇く前に水分補給、お腹が空く前に行動食で食料補給を！

はぁっ
はぁっ
ちょっと…
休ませて…

5巻「桜でんぶのお弁当」より

#07

同行者と楽しく登るには

昨日 仲良くなった 鯰江さんも
赤岳に行くと 仰っていたので
思い切って 声をかけたら
よ…よよ…… よければご一緒 しませんか?
…せっかくだけど
赤岳は一人で 行くわ
ハッキリ お断りいただいて さらに好きに なりましたぜ 先輩〜〜〜
でもやっぱり 何か…問題 ありましたか 私…?

2巻「ゆるゆるのステーキ」より

山小屋での食事のときに、単独行の素敵マダムと仲良くなった鮎美ちゃん。翌朝「一緒に登りませんか?」と声をかけるも、断られ……。

人と一緒に登山をすることは、単に旅行をするのとは意味が違います。グループ登山の成否は、チームワークにかかっているのです!

登山では究極のグループマネジメントが問われる!?

登山歴1〜2年の間は、リスク回避のために単独行は避け、誰かと一緒に登るようにしたいもの。とはいえ、特にハードな登山では、相手が誰でもいいわけではないですよね。登山レベルやペース、考え方、趣味が合う人を見つけることは、簡単ではありません。究極、何かあったときに、お互いに命を預け合える信頼関係があるかが、いちばん大事です。とはいえ、一人一人が計画をしっかり把握し、誰かに頼ることなく動けることは大原則。また、登山中に知り合った人と登る場合も、相手の行動責任を負えるのか、考えてみて。

グループ登山成功のポイント

1 初めての人とはまず練習登山へ

グループ登山はある意味、逃れられない密室にグループでいるのと同じ。相性がよくないと息が詰まってしまうし、何より危険だ。初めて一緒に山に登る人とは、いきなり難しい山や長期の縦走に行くのではなく、まずは日帰り低山など練習登山をしよう。お互いの歩くペースや体力、考え方などがわかると、本番の登山でも安心できる。

2 ケースごとの計画をすり合わせておく

特に一緒に行き慣れていないメンバーで登山をするときは、現場で判断しなければいけない状況になったときに、意見が割れるなどコミュニケーションが難しくなりがち。例えば、「何時までにここにたどり着けなければ引き返す」など、事前に話し合っておくといい。もちろん、判断基準の合う人と行くのがベストだ。

3 全員が受け身にならないように参加する

複数人で登山をするときは、グループの行動の判断を下すリーダーを決めておいたほうがいい。ただし、登山の基本は自己責任。リーダーに任せるのではなく、全員がフォロワーシップの意識を持って動くことが大事だ。その他、サブリーダー、装備係、食料係などの役割を決めると、責任を持って参加しやすい。

4 初心者・体力のない人に合わせる

行きたい山ややりたいことがいろいろあると、つい無理な計画を立ててしまいがち。また、目の前に山頂が見えていると、時間的に厳しそうでも引き返さず強引に進んでしまいがちだ。しかし、1人が行動不能に陥ると全員が危険にさらされることになる。計画段階も行動中も、初心者やいちばん体力がない人の視点で考えよう。

5 バラバラにならない歩く順番を考える

グループで歩く場合、リーダーとサブリーダーが先頭と最後尾、いちばん体力のない人が2番目という隊列が一般的。先頭はグループのペースを決める役割、最後尾は遅れてはぐれる人が出ないよう全員の状態を見守る役割がある。ただし、これも臨機応変に判断すればOK。大切なのは、グループがバラバラにならないことだ。

6 何でも話せる雰囲気を作る

団体で行動しているときは、多少体調が悪かったり、ペースがしんどかったりしても、足を引っ張ってはいけないと黙って我慢しがち。ところが、おおごとになってから発覚すると、逆にもっとメンバーに迷惑をかけることになりかねない。何か気になることやトラブルがあれば早めに言うこと、言える雰囲気を作ることが大事だ。

#08

登山にひそむ危険

登山には目に見える危険だけでなく、見えにくい危険もたくさんあります。遭難事故の傾向を知って、極力危険を回避しましょう。

危険箇所の歩き方

鎖場・ロープ場

鎖やロープの安全を確認のうえ、頼りすぎずに補助的に使う。渋滞になりやすいが、鎖の動きに振られるので前後の人との間隔を空けること。

今は雲《ガス》の中だから こんな感じだけど
晴れてたら たぶんこう
滑落しないように 緊張しなければ！
落ちたら 死ぬんだよ私！ 死ぬ 死ぬよ！ 緊張しろ私！
う～ん ガスのおかげで 全然怖さがない 不思議…

2巻「ゆるゆるのステーキ」より

低山や下山中など気が抜ける場面こそ要注意

登山にはさまざまな危険がひそんでいます。例えば、鎖場やロープがある場所は危険性がわかりやすく、一歩間違えると滑落しかねないと緊張感を持って通ります。しかし、一見危険に見えない場所でも、さまざまな事故が起きています。夏の山岳遭難の原因として多いのは、道迷い、転倒、滑落、病気、疲労の順。道迷いや転倒、滑落などは、実は低山でもよく起きています。また、全行程の残り4分の1、つまり下山で遭難が発生することが多いという傾向もあります。まずは危険を察知できる知識を付けましょう。

登山にひそむ危険

ガレ場・ザレ場

大きめの石がゴロゴロしている場所をガレ場、より小さい石ならザレ場と呼ぶ。足場が不安定なので歩きにくく、足をくじきやすい。落石を起こさないよう、落石に当たらないよう注意。登山道を外れず、浮き石を踏んだり蹴ったりしないように、そっと歩こう。

こ…こんなガレ場で※お腹のサイレンが……
な…なんということ…!
ぴ〜〜
ぐるぐる〜

3巻「枝豆とウィンナーの炊き込みご飯」より

迷いやすい道

遭難事故でいちばん多いのが道迷い。実は、樹木に覆われていて見晴らしが悪く、森林作業道など道が多い低山のほうが、道に迷いやすい。悪天候の日や、落ち葉の多い秋も注意が必要。地図や標識、登山道のテープやペンキをよく確認しよう（木の幹のテープは林業用のものもあるので注意）。また、道に迷ったら下らず登り返すのが基本だ。

フカ
フカ
去年の落ち葉が形が崩れないまま残ってて
人気がない道なのか…登山道がわかりにくい…
でもあの人どんどん歩いていくし
さくさくさくさく

2巻「夢見る大人ココア」より

CHECK

人にケガをさせないマナーを知っておこう

すいません…
通ります〜…
前から一人〜

3巻「沁みる大根の味」より

人を抜かすときは、黙って追い越そうとして接触すると危険なので、一声かけて。

基本は登り優先

登山道ですれ違うときは、登りの人が優先。ただし、登りの人は息が上がっていて「お先にどうぞ」ということもあるので、臨機応変に。

山側によける

登りと下りですれ違うときや、後ろから来たペースの速い人に抜いてもらうときは、山側によける。谷側によけると接触して滑落する危険がある。

落石を起こさない

落石に当たると命を落とすこともあるので最大限の注意を。落としてしまったときや落石を見たときは、下の人に「ラク!」と叫んで警告する。

#09

山で体調を崩したら

山でケガをしたり体調を崩したりしても、すぐ病院には行けません。できるだけ自力で下山できるよう、対処法を身に付けましょう！

う…
痛ったぁ…
ズキ
ズキ
思ったより道がちゃんとしてるねー
そうだなー

3巻「沁みる大根の味」より

涸沢でテント泊し、奥穂高岳を目指して岩稜を通過中、足をくじいてしまった鮎美ちゃん。このときは惜しくもここで撤退となった……。

ケガや体調不良でも自力下山できる対応力を！

どんなに対策をしっかりしていても、山でのケガや体調不良が起こってしまうことはあります。よくあるケガや体調不良の応急処置を知っておくと、自分や仲間に何かあったときや、そういう場面に居合わせたときにも役立ちます。ファーストエイドキットを持っていても、使い方がわからなければ無駄になってしまうので、救急法の講習などを受けておくといいでしょう。また、薬は体に合う合わないもあるので、一通り持っておくのがおすすめです。鎮痛剤の用意があれば、痛みがあっても何とか自力下山できる確率が上がります。

体調不良やケガの応急処置

足首のねんざ

ねんざ直後は水や濡れタオル、冷湿布で冷やす。治療期間は、ねんざ後にどれだけ動かしたかに関係する。そのまま休めればベストだが、下山する場合は、テーピングで固定し、トレッキングポールを使って、患部に負担をかけないように歩こう。

出血

処置する人は血に触れないよう、ゴム手袋やビニル袋を手にはめる。未開封のペットボトルの水で傷口を洗い、傷口に滅菌ガーゼを当てて、手で強く圧迫して止血する。約6～7分で血液は凝固する。その後、伸縮包帯をきつめに巻いて圧迫止血。

熱中症

頭痛やめまい、吐き気、大汗、顔が赤くなるなどの症状が出始めたら、直射日光の当たらない、風通しのいい木陰などで安静に。タオルを濡らして、額や後頭部、首筋に当てて体温を下げるとともに、スポーツドリンクや薄い塩水で水分補給を。

高山病

腰を下ろして衣服を緩め、高所での呼吸法を実践する。唇をすぼめて息を吐き切り、ゆっくり吸うことを、休みながら何度か繰り返す。経口補水液やスポーツドリンクで水分補給するのも大事。呼吸が浅くなるので眠らないこと。標高を下げるのが特効薬。

低体温症

早期の症状は震える、動作緩慢、眠気、まわりに無関心になるなど。近くにあれば山小屋へ、なければツェルトをかぶり、濡れた衣服は着替える。アルコールなし・カフェインなしの温かい飲料を飲み、首筋やわきの下、そけい部を湯たんぽなどで温める。

疲労

日没まで時間に余裕があるなら、しばらく休んで栄養補給し、回復したらまた歩き出す。下山が難しい場合は、ビバーク（緊急野営）か、近くに山小屋などがあれば泊まることも検討を。寒い、体調が悪いなど危険を感じたら、救助要請しよう。

CHECK

大丈夫⁉
顔色悪いよ？
ぴ〜
単独登山女子
沙魚野《はぜの》マキ
（36歳 歯科衛生士）

3巻「枝豆とウィンナーの炊き込みご飯」より

ケガ人・病人を発見したらどうする？

まず、自分や仲間の安全を確認。傷病者に近づくと危険なら、その場で110番を。近づいたら、呼吸、脈拍、意識の3つを確認し、命にかかわる状態かをチェックする。これらのうちどれか1つでも支障があるようなら、早急に110番か119番を。複数人いるようなら、同時並行で救命処置を始める。呼吸、脈拍、意識に問題がないが自力で歩けないようなら、手分けして救助要請をしつつ、状況を聞き取ってメモし、保温や止血、水分・栄養補給して救助を待とう。

#10 山でのトラブル対処法

ケガや体調不良以外にも、山で起こりがちなトラブルはいろいろあります。計画段階で下調べをし、予防と対策をして臨みましょう！

ここはだめだ
人間が足を踏み入れていい場所ではない
便利
虫の王国だ
雨後に気温が上昇したためか付近に動物の腐乱死体があったのか…？ あるいは自然の周期によるものか偶然にも虫が異常発生したタイミングだったのだろう
蚊とかハエとかよくわかんない虫とか！
ヒィィ〜！ あっちいけ あっちいけ〜！

6巻「夏山限定！ フルー“酎”ポンチ」より

夏の低山で山頂にたどり着いた鮎美ちゃん。お楽しみのごはんを食べようと思ったら、そこは虫だらけの「虫の王国」だった……。

避難や撤退を決断できることも大切

山で想定されるトラブルは、挙げ始めたらキリがありません。行き先の山によっても、起こりやすいトラブルは異なるので、事前にどれだけ調べて準備をしておくかが、いざというときに対処できるかのカギを握ります。また、いざトラブルが起こってしまったときは、「これぐらいなら大丈夫」と思わず慎重に行動を。例えば靴のソールがはがれたなどは、街では大したトラブルではありませんが、登山の場合、続行するのは危険。何かあったとき無理に決行せず、避難や撤退を決断することも、大事なトラブル対処法です。

#10

山でのトラブル対処法

こんなトラブルにあったら？

虫に刺された

蚊やブヨなら、抗ヒスタミン軟膏（ムヒなど）を塗る。ハチなら、ポイズンリムーバーで吸引後、水で洗って抗ヒスタミン軟膏を塗る。ヤマビルは、塩やヤマビル忌避剤、虫除けスプレーなどをかけて落とし、傷口を水で洗って、抗ヒスタミン軟膏を塗る。

熊に遭った

熊を刺激しないよう、ゆっくりと静かに後ずさる。至近距離で襲われそうになったら、防御姿勢をとる。バックパックを背負ったまま地面に腹ばいになって足を開き、指を組んで首の後ろを押さえ、肘で顔をガード。熊撃退スプレーも効果的。

天気が急変した

山の天気は変わりやすく、晴れ予報でも急に荒れることも。小雨なら雨具を着ければいいが、強風や豪雨、落雷、濃霧には注意。豪雨は沢の増水や土砂崩落につながることも。エスケープルートで下山するか、近くに山小屋などがあれば避難を。

雷にあった

遠くでゴロゴロと聞こえたら、山小屋があればすぐに避難を。稜線上にいる場合は、足下に注意しながら周囲より低い場所に下り、しゃがむ。三脚やトレッキングポールを立てて持たないこと。木や鉄塔は雷が落ちやすいので、4m以上離れる。

雪や凍った斜面が現れた

カチカチに凍っていないようなら、靴の裏全体をフラットに置くようにして、滑らないように歩く。斜面では靴のエッジを雪面に食い込ませながら通過。カチカチに凍って滑りそうなら、持っていればトレッキングポールや軽アイゼンを使って。

道具が壊れた

バックパックやレインウェア、ダウンジャケットに穴が開いた、トレッキングポールが折れた、ロックができなくなった、靴のソールがはがれたなど、だいたいの故障はダクトテープやテーピングテープで対応できる。下山したら修理に出そう。

CHECK

絶対生きて帰るぞ――――！
ぞ
ぞ
ぞ

1巻「不屈のにんにくネギ味噌さけ雑炊」より

救助を要請するタイミングは？

登山は自己責任が基本だが、「自力での下山が不可能、あるいは非常に困難」だと思ったら、救助を要請しよう。日没後は捜索や救助ができない場合もあるので、早めに決断を。電波が入らない場合は、尾根上を移動して受信できるポイントを探そう。110番して最初に「山岳遭難です」と伝え、氏名、連絡先、ケガの度合、事故発生場所などを伝える。近くに山小屋があるなら一報を入れると、110番より対処が早いことも。

#11

山小屋ってこんなに楽しい

山中をずっと歩き続けて、ようやく山小屋が見えるとホッとしますよね。ここでは山小屋の楽しみ方やマナーを紹介します！

思い出に残る個性豊かな山小屋へ

泊まりの山行では、山小屋が楽しみの一つという人もいるのでは？　山小屋での何もすることがない時間は、街ではなかなか味わえないもの。食事にこだわる小屋、お土産が充実している小屋、インテリアが素敵な小屋など、それぞれに特徴があって、お気に入りの小屋を探すのも楽しいですよね。ただし、山小屋は、街のホテルとは勝手が違います。各自のスペースが限られていたり、水が自由に使えなかったりと、不便さもまた山登りの醍醐味です。最近は予約制の小屋が多いので、事前にサイトなどで確認しましょう。

山小屋泊の流れ

受付を済ます

山小屋に着いたら受付へ行き、利用方法の説明を受けよう。夏は日没3時間前、日没の早い秋〜春でも2時間前には到着するよう計画を。山小屋によっては到着時間の決まりがあるところもある。早めに着くといい場所を割り当ててもらえることも多い。

受付・ご注文
¥3,000-
すいませーん
すいませーん…
すいませーんっ！

9巻「山小屋スイーツを開発せよ」より

13:00
天候回復の見込みなく
ここに宿泊決定
へへっ
最高
あーーもう
ビールのんじゃお！

2巻「食べきれない硫黄岳」より

夕飯までのんびり過ごす

外を散策したり、本を読んだり、おしゃべりしたり、ビールを飲んだり、山ならではの何もしない時間を過ごすのもいい。このとき疲れたからと寝てしまうと、夜寝付けなくなることもあるので注意。

山小屋ってこんなに楽しい

夕飯

山小屋の食事は質素なことが多いが、荷揚げのしやすい場所だと、山中とは思えないほど豪華な料理を楽しめることも。ごはんや汁物をよそったり、食器を返却したりは各自で、という小屋が多い。

今日の献立は名物のステーキ！
ぎゃ――っ
じゅううう…
デザートにはスイカまで
山小屋でこんな豪華なお肉をいただいちゃっていいんでしょうか？

2巻「ゆるゆるのステーキ」より

赤ワインください
明日の天気予報って…
ピンバッチありますか？
ポストカードって売ってますか？
は…はい…
缶って捨てられますか？

10巻「秘芋」より

その他にこんなことも

その小屋ならではのお土産を買ったり、翌日の天気や登山道の状況を聞いたりもできる。山小屋のスタッフは忙しいことが多いので、余裕のありそうな時間帯を見計らって声をかけよう。

個室があるところも

以前は、ハイシーズンの週末には1つの布団に3人寝るほど詰め込まれることもあったが、最近は予約制になって混雑は緩和されている模様。空いていれば、追加料金で個室を取れる小屋もある。

刺激的な体験に美味しいビールやワインの力がかけ合わさって……

8巻「愛のラッセル 改悛の夜」より

21:00 消灯

9巻「カレーバロメーター」より

消灯

消灯時刻は決まっていることが多く、21時ごろなど早い。翌朝の朝食はだいたい日の出前後。

CHECK

知っておきたい山小屋のマナー

水は非常に貴重なもので、お風呂やシャワーがないのは当たり前。飲み水は有料のことも。ゴミは持ち帰りが基本で、石けんや歯磨き粉は使用不可の小屋も多い。また、特に大部屋ではちょっとした音が気になるので、カサカサ音のするレジ袋などは使わないこと。

#12

テント泊でできること

大きな荷物を背負っている人たちを見て、「いつかは私も！」と思っている人も多いのでは？憧れのテント泊の魅力をチラ見せ！

テント泊の流れ

山小屋で受付と使用料を支払い隣接するテント場へ
いいとこ空いてるかなぁ

9巻「あさり缶 with 白ワイン&バター」より

受付・場所探し

テント場に着いたら、まずは受付を済ませ張る場所を確保。できるだけ風をよけられて、水の通り道でないところを探そう。ちなみにテント泊も山小屋同様、早め着が基本。最近は予約制が多いが、到着が遅いと張る場所がないこともある。

ズッ
ガッ
幕営完了
チリ

1巻「星降る夜のホットワイン」より

設営・設備のチェック

地面の小石や枝を取り除き、テントを張る。ペグを打てない場合は石に張り綱を巻きつけるなどして固定を。明るいうちにテント内を整理して、水を汲み、トイレなどの場所をチェックしておこう。

山での生活のすべてを

自力で運び上げるスタイル

好きなときに食べて、景色を眺めて、のんびりして、眠る。大自然の中に布1枚の家で泊まるテント泊には、登山の醍醐味が詰まっています。重い荷物を背負って山道を歩くことに慣れてきたら、ぜひ挑戦してみましょう。最初は、テントを背負っての行動が1時間程度のルートからトライ。慣れるまでは、あれもこれもと荷物を持ちすぎてしまいがちですが、持ち物の選定は日帰りや山小屋泊以上にシビアに。また、荷物が重い分、速く長くは歩けないので、計画段階で行動時間や距離に十分な余裕を持ちましょう。

#12 テント泊でできること

栄蝶ちゃんが
私のテントの隣に
お引越ししてきて
一緒に
ディナータイム

9巻「あさり缶 with 白ワイン&バター」より

外で夕食を食べる

ひと息ついたら夕食の準備に取り掛かろう。山小屋と違って夕食の時間が決められておらず、自由に過ごせるのが、テント泊のいいところ。飲みながら作りながら食べながら、ダラダラ過ごすのもいい。

2巻「高見石の揚げパン」より

夕焼けを眺める

山小屋での食事は、ちょうど日没や日の出の時間とぶつかりがちだが、テント泊なら好きなときに食べたり、景色を眺めたりできる。天気がよければ、夕焼けを堪能しよう。

いやっほ〜い
最高じゃ
最高じゃ〜
頭だけ出して
寝ちゃお〜
うへへ…
ポカ
ポカ

1巻「星降る夜のホットワイン」より

星空を眺めて就寝

満天の星も、テントから顔を出すだけで、ずっと見ていられる。星空撮影を楽しみたいなら、山小屋泊より断然テント泊だ。ただし、寒さ対策は万全に！

しゃか
しゃか
縦走2日目
4:20起床
しゃか
まずまずの
お天気
しゃか

2巻「食べきれない硫黄岳」より

起床・撤収

朝食を作って食べ、身支度をして、素早く撤収。計画によっては、テントを張ったまま行動して戻ってくる。

CHECK

テント泊のマナーと注意点

テントを張ることは家を建てることと同じ。張るときは周りの人にあいさつし、極端に近くに張ったり、玄関同士が向かい合ったりしないように。他人のテントの敷地に入ったり、のぞき込んだりはやめよう。また、女性1人の場合は、女性のいるグループの近くなど、できるだけ安全な場所を選んで。ゴミも必ず持ち帰ろう！

#13

自然環境を守るために

私たち人間も自然の一部。山に登ることは自然を知ることでもあります。登山者として山の自然を守るために、何ができるでしょうか。

全部は飲み干せないしどうするか…
思い出すだけで恥ずかしい…
顔から火が出るとはこんな感覚をいうのだろうか…
あの時はすいませんでした！

9巻「私が残したカップラーメンの汁」より

登山を始める前、富士山でカップラーメンの汁を捨ててしまった鮎美ちゃん。謝罪するために、成長した登山者として戻ってきたのだった。

一人一人の心がけが山を守ることにつながる

山登りをすることは、少なからず山の自然環境に影響を与えることになります。今後も末永く山の魅力に触れさせてもらうために、その影響を極力小さくすることを考えましょう。基本は、山に来たときと変わらない状態で帰ること。「自分一人ぐらい、ちょっとぐらいいいだろう」という気持ちの積み重ねが、環境を破壊・汚染してしまいます。私たちにできることは、植物を傷つけない、動物に食べ物を与えない、ゴミを落とさず持ち帰るなど基本的なことばかりですが、山を守るためには一人一人の心がけが大切なのです。